Ewa Secret – Die nackte Wahrheit

LADY INDIRA

Ewa Secret

—

Die nackte Wahrheit

Bibliografische Information der Deutschen Nationalbibliothek

Die Deutsche Nationalbibliothek verzeichnet diese Publikation
in der Deutschen Nationalbibliografie; detaillierte bibliografische
Daten sind im Internet über http://dnb.d-nb.de abrufbar.

© 2019 Lady Indira

Grafik: PROKOPEVA IRINA/ Kletr/ Shutterstock.com

Umschlagdesign, Satz, Herstellung und Verlag:

BoD - Books on Demand, Norderstedt

ISBN 978-3-7481-9519-1

Sämtliche geschilderte Situationen beruhen auf wahren Begebenheiten. Die Namen der handelnden Personen wurden jedoch geändert.

An einem kalten und grauen Januarabend stehen Lady Laetitia und ich in einer bürgerlichen Wohngegend vor einem Reihenmittelhaus. Meine Freundin hat mich vor drei Stunden angerufen und gefragt, ob ich bereit wäre, mit ihr einen Auftrag zu übernehmen. Ein stark devoter und masochistischer Mann hat für zwei Stunden das volle Paket gebucht. Die Häuser hier machen einen rechtschaffenen Eindruck, gleichzeitig ist alles langweilig und öde. Der Vorgarten des Hauses, vor dem wir stehen, ist ungepflegt. Es hängen Gardinen vor den Fenstern, es sieht aus, als ob hier ein älteres Ehepaar leben würde. Wir klingeln. Nichts passiert.

Ich habe meine langen, blonden Haare zu einem Pferdeschwanz gebunden und trage ausdrucksstarkes Makeup. Wir haben einen Klinikkoffer und einen schwarzen Koffer dabei und sind in voller Montur: schwarzer Latexoverall, schwarze Unterbrustcorsage aus Leder, schwarze Lederstiefel, schwarze Lederhandschuhe, Stilettos. Natürlich tragen wir Mäntel über unserem Dress.

Wir klingeln noch einmal. Inzwischen sind mindestens fünf Minuten vergangen. Durch die dünne Kleidung dringt die Kälte herein. Unsere Laune sinkt immer mehr, wir sind mittlerweile richtig sauer.

»Der hat uns versetzt«, sage ich.

»Lass uns noch warten«, meint Lady Laetitia. »Den Auftrag lass ich nicht so einfach sausen.«

Endlich, nach geschlagenen sieben Minuten, wird die Tür geöffnet.

Vor uns steht ein kleiner, dürrer Mann, etwa 1,65m groß, geschätzte sechzig Kilo. Das Gesicht ist verbraucht, die Haare sind blond und schütter. Bestimmt säuft er.

Er sagt kein Wort, dreht sich um und schlurft ins Haus. Wir folgen ihm und treten ein: innen ist alles dunkel, im Wohnzimmer Aschenbecher mit Kippen. Die Einrichtung besteht aus einer Couchgarnitur und zwei alten, dunklen Eichenschränken. Es ist verdreckt und stinkt. Kein Esstisch, in einer Ecke ein Fernseher. Die Rollläden sind heruntergelassen, an den Wänden keine Bilder. Ohne ein Wort setzt Udo sich auf das Sofa, zündet sich eine Zigarette an und raucht. Er sagt kein Wort und zieht nur eine Fresse.

Lady Laetitia und ich schauen uns an: devot? Davon ist keine Spur zu merken.

Wir setzen uns auf das zweite Sofa. Udo schweigt weiterhin beharrlich.

Ich sage: »Du könntest wenigstens mal den Tisch abwischen und die Aschenbecher ausleeren. Das ist ja ein totaler Drecksstall hier.«

Langsam dreht Udo den Kopf zu uns und fragt patzig: »Warum?«

»Weil sich das so gehört«, antworte ich. »Du hast uns schließlich eingeladen. Das ist Benehmen, ganz einfach.«

»Nö.«

»Wie, nö?«

»Nö.«

Udo zieht weiter an seiner Zigarette und starrt vor sich hin.

Jetzt erhebe ich meine Stimme: »Du wirst sofort in die Küche gehen, einen Lappen holen, den Tisch abwischen und den Aschenbecher ausleeren!«

Seine Fresse wird noch länger. Langsam steht er auf und schlurft in die Küche.

»Ich habe schon keine Lust mehr«, sage ich zu Lady Laetitia. »Lass uns gehen.«

»Warte ab«, beruhigt sie mich. »Wir sind eine Stunde gefahren. Den Auftrag lassen wir uns nicht entgehen.«

Ein säuerlicher Geruch hängt in der Luft. Ich spüre Übelkeit aufkommen, sehne mich nach frischer Luft.

Udo kommt zurück, mit einem dreckigen Lappen in der Hand. Er wischt ein wenig hin und her, lässt sich wieder auf das Sofa fallen und sagt kein Wort.

»Wir regeln jetzt erst mal das Finanzielle«, sage ich.

»Ja gleich«, antwortet er missmutig.

»Kein Problem«, sage ich. »Es ist deine Session und deine Zeit.«

Da springt er auf, läuft ins Nebenzimmer und kommt kurz darauf mit mehreren Scheinen zurück.

Ich nehme das Geld.

»Wir machen jetzt ein Vorgespräch«, sage ich dann.

Er schaut in eine andere Ecke des Zimmers und sagt: »Mache ich nicht. Ich habe schon alles mit Lady Laetitia besprochen.«

Jetzt wird meine Stimme härter. In der Beziehung verstehe ich keinen Spaß.

»Wir machen hier Klinik«, sage ich. »Und ich trage dafür die Verantwortung. Das heißt, wir machen ein Vorgespräch.«

»Ich mache hier überhaupt nichts. Ich habe gezahlt, fertig.«

»Dann ist Klinik für mich nicht möglich.«

Ich drehe mich weg und zünde mir eine Zigarette an.

Udo wird zickig.

»Ich habe euch für Klinik gebucht, dann will ich Klinik haben. Oder könnt ihr euren Job nicht richtig?«

Ich schaue Lady Laetitia an: »Der soll devot sein? Ich lach mich tot. Der ist keine Spur devot. Der ist einfach nur zickig.«

So geht es etwa fünf Minuten hin und her.

Schließlich sagt Udo auf einmal: »Wollt ihr nicht endlich anfangen?«

Ich koche innerlich.

Lady Laetitia versucht mich mit ihren Augen und ihrem Gesichtsausdruck zu beruhigen.

Sie sagt leise: »Denk an das Geld.«

»Scheiß auf das Geld und auf ihn«, denke ich. »Wenn ich alleine wäre, wäre ich schon längst weg. So etwas brauche ich mir nicht zu geben.«

Aber Lady Laetitias wegen mache ich eine Ausnahme.

Ich bin eher ruhig, brauche nicht zu schreien,

um meine Macht und Dominanz zu demonstrieren. Aber in diesem Fall geht es nicht anders.

Ich stehe auf und sage mit lauter Stimme: »Du ziehst jetzt alles aus, du kleines Würstchen.«

Jetzt zieht er sofort alles aus, ohne einen Moment nachzudenken.

»Auf die Knie, du kleines Stück Scheiße«, sage ich.

Er geht sofort auf die Knie. Ich ziehe meine Einweghandschuhe an, weil er wahrscheinlich genauso dreckig ist wie seine Bude.

Ich lege ihm ein Halsband mit einer Kette an. Er sitzt auf allen vieren und hechelt wie ein Hund.

Ich befehle ihm, dass er sich auf dem Sofa abstützt und seinen dreckigen Arsch rausstreckt. Er folgt ohne zu zögern.

»Du zählst jetzt jeden Schlag mit, du kleines Arschloch«, sage ich.

Ich gebe ihm zwanzig Schläge mit der Hand auf den Arsch. Er zählt brav mit. Dann nehme ich das harte Lederpaddel. Damit bekommt er nochmal zwanzig auf den Arsch.

Plötzlich springt er auf, als ob er von einer

Biene gestochen wäre, setzt sich aufs Sofa, zündet sich wieder eine Zigarette an und ist zickig.

Ich stehe damit meinem Paddel in der Hand, bin total sprachlos und starre auf Lady Laetitia.

Udo sagt: »So war es nicht abgesprochen.«

»Du wolltest doch nicht, dass wir ein Vorgespräch durchführen«, sage ich.

Er schaut nur Lady Laetitia an und sagt: »Sie weiß Bescheid.«

»Was soll das heißen, ich weiß Bescheid?«, fragt sie.

»Ich wollte es in meinem Keller und viel heftiger«, sagt er.

Ich setze mich auf das Sofa, zünde mir eine Zigarette an und bin genervt.

Udo diskutiert mit Lady Laetitia. Ich höre nicht zu, weil ich schon abgeschaltet habe.

Als ich meine Zigarette aufgeraucht habe, frage ich Udo schließlich: »Wo ist dein Keller?«

Da springt er freudig auf und ist wie ausgewechselt. Er zeigt mit dem Finger in den Flur.

»Hier«, sagt er. »Hier geht es in den Keller.«

Ich sage leise zu Lady Laetitia: »Eine vor

ihm, eine hinter ihm.« Wir gehen die Treppe hinunter. Natürlich sichern wir uns ab, ich sage hier aber nicht, wie. Das ist bei uns top secret, unsere Lebensversicherung.

Wir gehen in den Keller. Der Raum ist riesig und kahl, an den Wänden Fliesen, der Boden aus Stein. Überall hängen Ketten, Ringe, Schienen, Gestänge. Es gibt keine Geräte oder Spielzeug.

»Hier«, sagt Udo. »Hier können wir es machen.«

Ich sage zu Lady Laetitia: »Ich gehe nach oben und hole die Sachen. Du behältst ihn im Auge.«

Sie nickt. Ich gehe nach oben und hole die beiden Koffer.

Als ich zurückkomme, steht Udo nackt in einer Ecke, redet nicht, wartet nur ab. Sein Schwanz steht, er ist erregt, kann kaum abwarten, dass es losgeht.

Ich stelle die Koffer ab.

»Komm her, du Stück Scheiße«, sage ich. »Du wirst jetzt erstmal in Ketten gelegt.«

Udo geht brav zu den Ketten. Wir fixieren ihn. Er steht da, ein kleines, dürres Männchen, die Beine behaart, keine Muskeln, die

Knochen treten hervor. Sein Gesicht zeigt angespannte Erwartung.

Wir holen jeder ein Instrument aus dem Koffer.

Dann geht es los.

Wir schlagen ihn mit der Peitsche auf den Rücken. Er erträgt es ohne einen Mucks. Wir fangen in mittlerer Intensität an, werden dann immer härter. Erste Striemen zeichnen sich ab. Nach einigen Minuten schlagen wir auf die Brust und auf die Schenkel. Auch hier wird mit der Zeit alles rot und striemig. Dann wechseln wir das Schlaginstrument und nehmen das Paddel. Damit schlagen wir ihn auf den Schwanz und auf die Eier, sind nicht zimperlich, schlagen kräftig zu.

Dazu beschimpfen wir ihn: »Du kleines, abgewracktes Stück Scheiße. Du Versager. Das kann nicht dein Ernst sein, dich als Mann zu bezeichnen. Das, was du zwischen den Beinen hast, du Dreckssklave, ist ein Witz. Wenn du dir dein Mini-Würstchen versuchst zu wichsen und ein Tröpfchen dabei herauskommt, ist das genauso lächerlich wie deine Erscheinung. Du bist eine Schande für die Menschheit. Als ich dich an der Tür gesehen habe, hätte ich mich am liebsten übergeben. Deine Fresse kann nicht einmal deine Mutter lieben. Du bist zu dämlich, um dir selbst den Arsch abzuwischen.«

Dann nehmen wir die Gerte und schlagen jetzt noch kräftiger. Die Gerte zischt durch die Luft. Wenn sie auf das Fleisch trifft, gibt es harte, klatschende Geräusche.

Wir verpassen ihm Ohrfeigen, spucken seine Fresse an.

Er lässt alles über sich ergehen. Er winselt ab und zu. Zugleich zeigt sich jetzt so etwas wie Entspannung auf seinem Gesicht. Er genießt es.

Wir foltern ihn auf das Übelste und beschimpfen ihn.

Etwa eine Stunde geht das so. Er kann nicht genug kriegen.

»Mehr«, sagt er ab und zu. »Doller.«

Nach einer Stunde haben wir genug und machen ihn ab.

Als Nächstes schmeißen wir ihn auf den Boden und schüren ihn mit Seilen zu, bis er total bewegungsunfähig ist.

Leise wimmernd liegt er auf dem nackten Boden.

Wir treten ihn mit unseren Stilettos, immer und immer wieder. Kopf, Nieren, Gelenke und Bauch sind für uns tabu. Wir könnten ihn schwer verletzen. Udo hat keine Muskulatur und kein Fett, deshalb kriegt er hauptsächlich Tritte in den Arsch.

»Du Dreckswurm«, beschimpfen wir ihn. »Wir sollten dich zertreten wie ein kleines Ungeziefer. Mehr bist du nicht, eine widerliche Made, eine Kakerlake, die vom Angesicht dieser Erde verschwinden sollte. Du bist weniger wert als Scheiße.«

Udo winselt.

»Mehr«, bettelt er wieder. »Mehr ... doller.«

So geht es erneut etwa zwanzig Minuten.

Dann stellen wir uns über das kleine Würstchen, ziehen die Reißverschlüsse an unseren Overalls auf und pissen ihn voll: auf seinen Körper, auf sein Gesicht, auf seinen Schwanz.

Sein Gesicht wirkt jetzt richtig entspannt. Er genießt die goldene Dusche, liegt nur da, lässt alles über sich ergehen.

Dann ist die Zeit Gott sei Dank um. Wir schnüren ihn los, packen unsere Sachen zusammen und gehen nach oben.

Er setzt sich wieder auf sein Sofa, voller

Pisse, grün und blau geschlagen, zieht wieder eine Fresse, zündet sich eine Zigarette an und raucht.

Kurz darauf sind wir draußen.

Als wir nach Hause fahren, ist es das erste Mal, dass ich völlig fertig nach einer Session bin.

»Hier werde ich nicht nochmal hinkommen«, sage ich zu Lady Laetitia.

Auf der Fahrt nach Hause reden wir beide nicht. Wir merken, das war einfach zu viel für uns.

Seit diesem Tag ruft Udo täglich an. Ich habe ihn schon nach dem zweiten Tag blockiert. Lady Laetitia schreibt immer noch mit ihm. Udo will uns ständig buchen.

*

Geboren wurde ich im Juli 1972 in Masuren, einer der schönsten Regionen Polens. Unzählige Seen und tiefgrüne Wälder prägen diese ruhige Landschaft.

Meine Mutter war bei meiner Geburt fünfundvierzig. Mein Vater war neun Jahre älter als sie. Meine Geschwister waren schon aus dem Haus, also wuchs ich praktisch als Einzelkind auf.

Wir lebten in einem idyllischen Ort auf dem Land. Meine ersten Kindheitserinnerungen sind geprägt von viel Grün, Sonne und Natur. Ich erinnere mich, wie ich auf dem Schoß meiner Mutter sitze und mich warm und geborgen fühle. Meine Eltern besaßen ein großes Bauernhaus und hielten Tiere. Außerdem führten sie ein Gasthaus und einen Tante-Emma-Laden. Meine Mutter hatte all das von ihren Eltern geerbt, doch trotzdem hatte sie in der damaligen Zeit nicht viel zu sagen. Mein Vater regierte, gleichzeitig trank er sehr viel und schlug meine Mutter oft.

Es war ein ständiges Wechselspiel. Er war ein sehr harter Mann. Manchmal konnte ich so etwas wie Liebe bei ihm spüren, dann wiederum trank er, wurde aggressiv und gewalttätig.

Meine Eltern mussten unglaublich viel arbeiten. Ich war immer dabei, auf dem Feld und im Gasthaus. Meine Mutter passte auf mich auf, vor meinem Vater hatte ich oft Angst, als ich noch klein war.

Ich war gerne im Stall bei den Tieren. Hier

war es ruhig, die Stille wurde nur unterbrochen vom Scharren und Blöken der Schafe. Im Haus war die Einrichtung einfach, doch es war vorhanden, was notwendig war. Im Winter spendete ein Ofen Wärme. Die Betten kamen mir riesig vor, die Decken waren mit Gänsedaunen gefüllt. Darunter schlief ich wie in einem warmen Nest.

Als ich sechs war, verkauften meine Eltern alles. Wir zogen in ein Haus, das etwa 30 Kilometer entfernt lag und für die damaligen Umstände sehr modern war. Wir hatten fließendes Wasser, eine Heizung, eine Waschmaschine und sogar einen Fernseher. Wir konnten zwei Programme empfangen, doch da ständig der Strom ausfiel, konnten wir den Fernseher nicht richtig nutzen. Wegen der Stromausfälle hatten wir immer sehr viele Kerzen im Haus. Wir hatten auch hier etwas Land und viele Tiere. Meine Eltern haben die meisten Lebensmittel selbst hergestellt. Ich hatte viele Freunde und war im Roten Kreuz engagiert. Ich habe für die Kinder Puppentheater inszeniert: Aus Stoff und Stroh habe ich kleine Puppen, aus bemalter Pappe Kulissen gebastelt, vor denen ich einfache Stücke aufführte. Wenn meine Zuschauer mitfieberten, war ich glücklich.

Außerdem habe ich getanzt. Tanzen war mein Leben. Ich flog über die Tanzfläche dahin, vergaß alles andere und war in einer anderen Welt. Als Solo-Breakdancerin habe ich zweimal den ersten Platz bei den nationalen Tanzmeisterschaften belegt. Im Video Dance Clip habe ich in der Gruppe nach aktuellen Hits getanzt.

Trotz der Aggressionen meines Vaters hatte ich eine glückliche Kindheit und Jugend.

Ein Erlebnis ist mir in Erinnerung geblieben: Ich hatte von meinem Vater eine Tracht Prügel bekommen und mich aus Angst unter dem Bett versteckt. Als ich mich wieder beruhigt hatte, krabbelte ich unter dem Bett hervor, ging zu meinem Vater ins Wohnzimmer und richtete den Finger auf ihn.

»Das ist das letzte Mal, dass du mich geschlagen hast«, sagte ich. Und so war es auch. Ich war damals acht.

Trotzdem er aggressive Ausfälle hatte, liebte mein Vater mich sehr. Er war zwar schon älter, doch er trank zu dieser Zeit nicht mehr so viel. Er wurde ruhiger. Griff er meine Mutter an, ging ich jedoch dazwischen. Ich bin schon immer selbstbewusst gewesen und konnte mich seinen Aggressionen entgegenstellen.

Mit 14 kam ich auf ein Internat. Ich fühlte mich wohl dort, kam gut mit den Lehrern und meinen Mitschülern zurecht. Der Unterrichtsstoff war anspruchsvoll, aber ich war in der Lage mitzuhalten.

Als ich nach dem ersten Halbjahr in den Ferien nach Hause kam, fand ich meine Mutter völlig aufgelöst und weinend vor. Mein Vater hatte meine Mutter wieder geschlagen. Sie wohnte damals oben im Haus, mein Vater unten. Ich lief ins Erdgeschoss, wo mein Vater sich in der Speisekammer aufhielt. Ich nahm mir ein Schlachtermesser, baute mich vor ihm auf und hielt ihm das Messer an die Kehle.

»Ich schwöre dir«, sagte ich, »wenn du Mama noch einmal anfasst, steche ich dich ab wie ein Schwein.«

Mein Vater war geschockt. Gott sei Dank hat er meine Mutter danach nie wieder angerührt. Das Verhältnis zwischen beiden verschlechterte sich weiter. Sie lebten im Grunde genommen getrennt und waren nur auf dem Papier verheiratet.

Meine Mutter war Deutsche, mein Vater Pole. Sie wollte immer nach Deutschland, da sie in Polen als deutsche Schlampe galt, in Deutschland dagegen als Spätaussiedlerin anerkannt war.

1988 zog sie einen Schlussstrich und wir gingen nach Deutschland. Ich wollte nicht mit, da ich in Polen alles hatte und vor allen Dingen meine Freunde nicht verlassen wollte. Doch da ich erst sechzehneinhalb war, ließ meine Mutter mich nicht bei meinem Vater.

Es war ein regnerischer Tag, als wir abreisten. Wir hatten zwei Koffer und zwei Reisetaschen mit, ansonsten ließen wir alles zurück. Der Abschied von meinem Vater lief nach außen hin ohne größere Emotionen ab, innerlich jedoch brannte ich vor Schmerz. Meiner Mutter muss es ähnlich ergangen sein, sie war auf der ganzen Reise still und in sich gekehrt.

Wir kamen nach Friedland, wo alles fremd für mich war. Ich konnte die Sprache nicht und hatte keine Freunde. Wir waren zu acht in einem Zimmer mit Stockbetten untergebracht, in dem es ständig unruhig war. Ich sehnte mich fürchterlich in meine alte Umgebung zurück.

Einmal bin ich aus Friedland abgehauen, stand ohne Geld und ohne Pass am Bahnhof, um nach Polen zurückzureisen. Mein Bruder, der einige Jahre zuvor nach Deutschland gekommen war, suchte mich mit Freunden und fand mich am Bahnsteig.

Wer weiß, wo ich sonst gelandet wäre.

Von Friedland kamen wir nach H., wo wir eine kleine Zweizimmerwohnung bezogen. Die ersten drei Monate schliefen wir auf dem Fußboden und konnten uns erst allmählich mit Sperrmüll eine Einrichtung zusammenstellen. Dass wir bei Null anfangen mussten, machte mich sehr traurig. Ich habe meine Mutter dafür verantwortlich gemacht und war in dieser Zeit sehr rebellisch. Ich war zu jung, um vieles zu begreifen.

Eines Tages entdeckte ich eine Anzeige in der Zeitung: Bardame gesucht mit Wohnmöglichkeiten. Da ich kaum Deutschkenntnisse hatte, verstand ich die Stelle als Thekenkraft. Ich rief die Chefin an und vereinbarte einen Termin. Meine Familie wusste nichts davon. An dem vereinbarten Tag setzte ich mich in den Zug und fuhr nach S., wo mich eine imposante Dame abholte.

Sie fuhr einen dicken schwarzen BMW, was mich sehr beeindruckte. Im Auto erzählten wir ein wenig.

»Wie alt bist du?«, fragte mich die Frau.

»Siebzehn«, antwortete ich.

»Ab jetzt sagst du immer achtzehn«, sagte die Frau.

Ich war verwundert und bekam ein mulmiges Gefühl.

»Wie viele Männer hast du schon gehabt?«

»Ich bin noch Jungfrau.«

»Ach, das macht nichts. Dann gebe ich dir die sanften Männer.«

Ich war einfach sprachlos, mir war schlecht und ich hatte Angst.

Wir kamen zu einem Haus mit vielen Zimmern, in dem Dutzende von Mädchen herumliefen. Alles machte einen verwohnten und schäbigen Eindruck. Meine Angst verstärkte sich. Ich schwieg und sagte keinen Ton.

»Hier wirst du wohnen«, sagte meine Chefin. Ich nickte nur. Dann fuhren wir weiter zu meinem Arbeitsplatz.

Als wir dort reinkamen, wusste ich sofort, wo ich war. Alles war dunkel, Vorhänge hingen bis auf den Boden, es gab viel Samt, eine große runde Theke und eine Menge Sessel, alles in Rot gehalten. Ich war im Puff.

Ich hatte fürchterliche Angst, aber was sollte ich machen? Die Chefin verabschiedete sich und war kurz darauf verschwunden. Ich setzte mich in einen der Sessel, dessen Samtbezug alt und spröde war. In dem Sessel kam ich mir aber komisch vor und setzte mich deshalb an die Bar. Die Theke fühlte sich kalt an, aber ich blieb sitzen und schaute mich um. Allein in diesem Etablissement war es merkwürdig. Ein fast nacktes Mädchen kam herein, das etwa Mitte zwanzig sein mochte. Sie stellte sich hinter die Bar.

»Willst du etwas trinken?«, fragte sie mich.

»Ja, eine Cola«, sagte ich. Sie holte eine Flasche aus einer Kühlschublade, goss mir ein und stellte das Glas vor mich hin. Ich trank einen Schluck.

»Hast du keine Angst vor AIDS?«, fragte ich aus heiterem Himmel. Das Mädchen schaute mich komisch an und antwortete nicht. Bis heute weiß ich nicht, warum ich gerade das gefragt habe. Wir schwiegen weiter vor uns hin.

Dann kam eine Schwarze herein, die sich

neben mich setzte und gelangweilt dreinblickte. Sie sagte kein Wort.

Nach einer Weile kam die Chefin wieder.

»Alles gut?«, fragte sie mich. »Wie findest du es bei uns?«

»Sehr schön hier«, antwortete ich. »Ich muss nur nochmal nach Hause, um meine Sachen zu holen.«

»Weiß deine Familie eigentlich, dass du hier bist?«

»Sicher wissen die das«, sagte ich. Das war natürlich gelogen, aber ich hatte solche Angst. Ich wollte nur noch weg.

»Okay«, sagte die Chefin, »ich bringe dich zum Bahnhof.«

Ich hatte null Geld, kein Telefon, kein Ticket, gar nichts. Ich hatte nur Angst, mir war kalt und ich hatte Hunger. Ich war den Tränen nahe, habe mich aber zusammengerissen und nichts weiter gesagt. Die Chefin fuhr mich zum Bahnhof. Wir haben nicht mehr viel geredet. Am Bahnhof ließ sie mich raus.

»Ruf mich an, wenn du mit deinen Sachen wieder in S. bist«, sagte sie zum Abschied.

Ich ging auf den Bahnsteig, auf dem der Zug

nach H. abfuhr, setzte mich auf eine Treppe und weinte.

Da kam ein Mann auf mich zu und fragte, was los sei. Ich weiß nicht, warum ich Vertrauen zu ihm hatte, aber ich erzählte ihm mein ganzes Leid. Da gab er mir seine Strickjacke, Geld für ein Ticket und seine Visitenkarte. Von einem öffentlichen Fernsprecher rief ich meinen Bruder an und bat ihn, mich nach Mitternacht am Bahnhof von H. abzuholen.

Als ich mit dem Zug in H. einfuhr, waren mein Bruder und seine Freundin tatsächlich dort und holten mich ab. Sie schauten entsetzt und besorgt und brachten mich nach Hause. Meine arme Mutter hat fürchterlich geweint. Mir hat das alles sehr leidgetan.

Zum ersten Mal war ich mit dem Rotlichtmilieu in Kontakt gekommen.

Leider war meine Rebellenzeit noch nicht vorbei. Ich wollte nur noch von Zuhause weg. Ich bin aber zur Schule gegangen und habe auch einige Leute kennengelernt. Die Situation in Deutschland wurde für mich allmählich besser, aber wirklich glücklich war ich nicht.

Mit siebzehn lernte ich Heiko in einer Kneipe kennen. Er gab mir ein Bier aus, war sehr lieb und nett; wir trafen uns häufiger, wurden ein Paar und sind nach einem halben Jahr zusammengezogen. Ich dachte, ich hätte den Mann meines Lebens getroffen. Mit achtzehn habe ich ihn geheiratet, wurde bald darauf ungewollt von ihm schwanger. Jetzt zeigte Heiko sein wahres Gesicht: Er begann mich zu schlagen und zu treten. Die Ehe wurde zu einer Hölle für mich. Zeitweilig überlegte ich abzutreiben. Es kam zu einer Frühgeburt. Janine war anfangs sehr schwach, doch sie hielt durch und ich liebte sie von Tag zu Tag mehr, obwohl mein Leben ein einziges Martyrium war. Nachdem Janine auf der Welt war, drohte er, sie mir wegzunehmen. Er misshandelte mich weiterhin, schlug mich jeden Tag. Ich hatte nur noch Angst um mein Baby und mich, wusste mir gleichzeitig nicht zu helfen. Eines Abends wurde es so schlimm, dass ich verzweifelt anfing zu schreien, was zur Folge hatte, dass ein Nachbar die Polizei rief. Ich beantragte die Scheidung. Da ich ein Härtefall war, wurde ich nach drei Monaten geschieden. In der Verhandlung sagte Heiko aus, er hätte mich nicht geschlagen, sondern nur getreten. Da ist der Richter aufgesprungen und hat ihn angeschrien. Es tat mir gut, zu erleben, dass sich ein Richter so für mich einsetzte.

Seit der Scheidung habe ich Heiko nie wieder gesehen. Was er mir angetan hat, gehört zu dem Schlimmsten, was mir in meinem Leben passiert ist. Wenn ich ihn heute auf der Straße liegend träfe und er mich anbettelte, würde ich ihm noch einen Tritt verpassen.

Da ich zu diesem Zeitpunkt suizidal war, musste ich eine Therapie beginnen. Die Therapeutin habe ich jedoch als sehr kalt und herzlos in Erinnerung. Sie hörte sich schweigend an, was ich zu erzählen hatte, gab kurze Kommentare und zeigte keinerlei Mitgefühl. Wenn ich eine Stunde bei ihr absolviert hatte, fühlte ich mich kein Stück besser. Die Stunden mit ihr haben mir wenig gebracht. Mehrmals überlegte ich, die Therapie abzubrechen und war froh, als sie vorüber war.

Kurz danach lernte ich Stefan kennen, der mehrere Jahre jünger war als ich. Durch die Erlebnisse mit Heiko war ich erst skeptisch. Ich war ein gebranntes Kind und wollte mich auf nichts Neues einlassen. Doch Stefan hat mich unglaublich unterstützt, mir Kraft gegeben und durch ihn habe ich wieder an die Liebe und das Leben geglaubt. Auch seine Familie war sehr liebevoll und ich erinnere mich gerne an sie. Mehrmals waren wir bei den Eltern zu Hause, saßen im Garten und verbrachten schöne Nachmittage. Ich begann zu hoffen, den richtigen Mann getroffen zu haben, doch es gab leider einen Wermutstropfen. Stefan hat zu dieser Zeit viel gefeiert. Ich dagegen saß zu Hause mit Janine und hatte eine Menge Sorgen. Die Beziehung zu ihm hatte deshalb auf Dauer keine Chance, doch wir sind noch heute befreundet. Er ist mittlerweile ein guter und liebender Vater. Wenn wir telefonieren, höre ich immer gerne seine Stimme. Ohne ihn wüsste ich nicht, wie ich zu Männern und zu der Liebe stünde.

Als nächster folgte Franco: Er war etwas älter als ich, sah gut aus und fuhr ein weißes Cabrio. Er führte mich mehrmals aus und ich genoss die schönen Treffen mit ihm. Er hatte Manieren und gab mir das Gefühl, etwas Besonderes zu sein.

Ich war mir nicht sicher, ob ich eine richtige

Beziehung mit ihm eingehen sollte, doch ich genoss es, von ihm verwöhnt zu werden.

Je länger wir zusammen waren, wurde klar, dass langsam auch sexuell etwas zwischen uns laufen musste. Es kam der Tag, an dem es zur Sache gehen sollte. Wir gingen zu mir und in mein Schlafzimmer. Dort dauerte es keine zehn Sekunden, da spritzte er schon aus seinem Mini-Schwanz ab. Ich wollte ihn trösten, legte mein Bein um ihn und kam dabei mit meinem Knie unglücklich an seinen Schwanz. Irgendetwas riss ab und er blutete wie ein Schwein.

Er musste ins Krankenhaus. Am nächsten Tag habe ich die Beziehung beendet, weil mir klar war, dass es mit uns nichts werden konnte. Franco fiel vor mir regelrecht auf die Knie.

»Bitte«, flehte er, »lass uns weiter zusammenbleiben.«

Es war mir unangenehm, dass sich ein Mann so dermaßen vor mir demütigte. Ich blieb bei meinem Entschluss; da verfiel er auf eine andere Möglichkeit.

»Du kannst auch mit anderen Männern schlafen, nur bitte bleib mit mir zusammen!«

Er war regelrecht verzweifelt und demütigte sich immer mehr.

»Was soll das für eine Beziehung werden?«, fragte ich mich. »Mit solch einem Mann kann ich nicht zusammen sein.«

Ich blieb bei einem kategorischen »Nein«.

Das Kapitel Franco war damit für mich beendet.

Es folgte der rothaarige Manuel, der wieder einige Jahre jünger war. Ich lernte ihn im Zug kennen und war erst von seiner unschuldigen Art angetan. Doch dann stellte sich heraus, dass er auf seine Mutter fixiert und ein totales Mama-Söhnchen war. Sie kaufte sogar Alete-Gläschen für ihn. Er hatte eine große Modelleisenbahn in seiner Wohnung stehen und wollte mit mir Malefiz spielen. Das brauchte ich nun wirklich nicht.

Ciao Manuel!

Ich nahm einen Job in einer Spielhalle an. Dort lernte ich Nina kennen, die mich anfangs nicht mochte. Sie war unfreundlich und patzig und unser Umgang beschränkte sich auf das Nötigste. Dann jedoch platzte der Knoten. Wir erledigten gemeinsam unseren öden Job und ich begann eines Abends von meinem Leben in Polen zu erzählen. Sie erzählte von ihrer Familie und es stellte sich heraus, dass wir viele Dinge ähnlich sahen. Wir wurden Freundinnen und sind bis heute ein Herz und eine Seele.

Über Nina lernte ich Andreas kennen, der jung und gutaussehend war. Er war sehr männlich, gleichzeitig warmherzig und liebevoll. Wir verliebten uns Hals über Kopf, trafen uns bald jeden Tag und zogen kurz darauf zusammen. Diesmal war ich sicher, den Richtigen gefunden zu haben. Nach drei Jahren hielt er um meine Hand an und wir heirateten.

Es war wie im Märchen, eine Traumhochzeit!

Ich war ganz in Weiß, wir mieteten einen Rasthof und es kamen über vierzig Gäste. Wir feierten bis in den frühen Morgen und ich war so glücklich wie seit langem nicht mehr.

Wir arbeiteten in einer Gaststätte, Andreas als Koch, ich als Bedienung. Alles war wunderbar, von mir aus hätte es bis ans Ende meines Lebens so weitergehen können. Doch dann geschah etwas, das mir den Boden unter den Füßen wegriss: Ein halbes Jahr nach unserer Hochzeit fand ich in seiner Tasche einen Zettel von einer gewissen Christine. Christine war Gast bei uns, ließ über eine nette Arbeitskollegin ihre Liebesbriefe zu Andreas in die Küche bringen. Es stellte sich heraus, dass die Affäre zwischen den beiden schon ein halbes Jahr vor unserer Hochzeit begonnen hatte.

Ich stürzte in einen Abgrund. Ich hatte Andreas geliebt. Ich fühlte mich unglaublich verletzt und betrogen. Sein Verhalten empfand ich als schizophren. Von einem Tag auf den anderen kündigte ich, zog mit Janine in eine neue Wohnung und suchte mir in einem 30 km entfernten Ort einen neuen Job.

Jahre später habe ich ihn wiedergetroffen. Andreas sagte zu mir, dass er die Geschehnisse von damals sehr bereut und ich bis heute seine absolute Traumfrau geblieben sei. Christine dagegen hätte sich zu einem Albtraum entwickelt. Sie säße nur bei ihm auf dem Sofa und wäre fett und hässlich geworden. Ich muss gestehen, ich freute mich. Mitleid war in diesem Moment Fehlanzeige.

Kaum hatte ich mich halbwegs von dem Schicksalsschlag mit Andreas erholt, als schon der nächste auf mich wartete: Ich bekam Besuch vom Gerichtsvollzieher, da ich mit achtzehn eine Bürgschaft für Heiko unterschrieben hatte, der jemandem 10.000 Euro geschuldet hatte. Heiko hatte nicht gezahlt und jetzt wollten sie das Geld von mir. Es war mir damals nicht klar gewesen, was ich da unterschrieben hatte. Nun hatte ich noch einen weiteren Brocken, den ich stemmen musste.

Von den Kerlen hatte ich erstmal die Nase voll, war froh, mich ganz allein um meine Kleine kümmern zu können. Die Wohnung war beengt, ich konnte und wollte mir nicht viel leisten. Mal wieder hatte ich kaum Möbel, gerade mal eine Matratze, einen Herd und einen Kühlschrank. Es war Herbst, draußen wurde es wieder früher dunkel. Ich kaufte Kerzen und zauberte uns ein Lichtermeer auf dem Boden. Wenn ich Feierabend hatte, holte ich Janine aus der Krippe ab und kochte uns etwas. Wir tranken Kakao mit Schlagsahne und ich spielte mit ihr. Meine Tochter war das Schönste, was mir bisher in meinem Leben passiert war.

Hauptberuflich arbeitete ich wieder in einer Gaststätte. »Zum Goldenen Eck« hieß sie und war eine typische Stammkneipe. Der Wirt stand hinter der Theke und zapfte, ich bediente an den Tischen. Die Wirtin kochte, gutbürgerlich. Sie verstand etwas davon, das Essen war erstklassig. Es kamen jeden Abend dieselben Gäste und es war ein ruhiger Job. Ich genoss es, mit Menschen zu tun zu haben. Manchmal brachte ich meine Kleine mit. Sie hatte dann eine Ecke auf einer Bank, wo sie saß und zeichnete. Wenn nicht so viel zu tun war, setzte ich mich zu ihr.

Um mir noch etwas dazuzuverdienen, jobbte ich als Kosmetikerin. Es war eigentlich eine Privatwohnung, in der sich eine Kosmetikerin einen Salon eingerichtet hatte. Sie war schon Anfang sechzig und trat mittlerweile kürzer. Da sie jedoch noch viele Kundinnen hatte, half ich bei ihr aus und konnte auch eine Menge von ihr lernen. Auch hier war es schön, mit den Frauen zu reden und ihnen gleichzeitig die Nägel zu lackieren oder Gesichtspackungen zu machen. Das Geld war jedoch nach wie vor knapp. Ich kam so gerade über die Runden. Gerne hätte ich Janine mehr geboten, wäre mit ihr in Urlaub gefahren, aber das war einfach nicht drin. Stattdessen versuchte ich ihr so viel Zuwendung zu geben, wie es mir möglich war. Sie war jetzt in der Schule und kam recht gut mit, schloss Freundschaften mit Mitschülerinnen und Kindern aus der Nachbarschaft.

Ein Jahr folgte dem anderen und es war meine bisher schönste Zeit in Deutschland. Ich konnte allmählich meine Wohnung einrichten, kaufte für mich und Janine jeweils ein Bett, dann eine Couchgarnitur, einen Fernseher, eine Schrankwand. Meine Deutsch-Kenntnisse wurden besser, ich hatte das Gefühl, in Deutschland angekommen zu sein.

Meine Mutter kam regelmäßig zu Besuch oder wir fuhren zu ihr. Sie war jetzt schon über siebzig, aber immer noch gut beieinander. Zu meinem Vater hatten weder sie noch ich Kontakt.

Eigentlich fehlte mir nicht viel.

Doch dann tauchte wieder ein Mann auf.

Paul hieß er und ich lernte ihn über meine damalige beste Freundin Alexa kennen. Er war kräftig und gut gebaut und das war etwas, was mich schon immer bei Männern angezogen hat. Vielleicht hätte ich mehr Wert auf andere Qualitäten legen sollen, dann wäre ich besser gefahren im Leben.

Er lächelte auf eine ganz eigene Art und Weise und machte mir eine Menge Komplimente.

Beruflich verlegte er Sportböden und war in seinem Job oft auf Montage. Ansonsten machte er Kraftsport. Er hatte einen trockenen Humor und konnte unglaublich lustige Geschichten erzählen. Wir tauschten unsere Telefonnummern und direkt am nächsten Abend rief er mich an. Von da an telefonierten wir täglich, trafen uns regelmäßig. Er beeindruckte mich mit seiner Männlichkeit und es dauerte nur noch zwei Wochen, dann war meine siebenjährige Zeit als Single beendet. Wieder vergaß ich jede Vorsicht und mietete mit ihm zusammen eine Wohnung an. Sie war eigentlich viel zu groß für unsere Verhältnisse, doch sie hatte eine tolle Terrasse und Blick auf einen Park. Nun waren wir wieder eine Familie und ich hoffte nur, dass alles gutgehen würde.

Ich sollte mich täuschen – wieder einmal.

*

Es war an einem Freitagvormittag im August, als Paul von einer fünftägigen Montage zurückkam. Er gab mir einen Kuss auf die Wange, warf sein neues Nokia-Handy aufs Sofa und ging dann ins Schlafzimmer.

»Darf ich mir dein Handy anschauen?«, rief ich ihm hinterher.

»Klar, mach ruhig.«

Das Handy hatte eine mms-Funktion, damals der Hit. Ich zappte durch die Funktionen und was ich dann sah, war für mich ein Schlag ins Gesicht: unter mms fand ich jede Menge Liebesnachrichten und Bilder von seiner Ex Nadine.

Ich war fassungslos. Mit dem Handy in der Hand ging ich ins Schlafzimmer.

»Was soll das?«, fragte ich nur.

Völlig ungerührt sah Paul mich an.

»Du stehst ja nicht auf anal«, war seine ganze Antwort.

Mir fiel gar nichts mehr ein. Einen Moment lang stand ich wie belämmert da. Ich bekam keine Luft mehr, in mir rasten Angst, Wut und Schmerz. Dann donnerte ich sein Handy an die Wand.

»DU SCHWEIN!«, schrie ich. »DU MIESES

HERZLOSES STÜCK SCHEISSE!« Die Tränen traten mir in die Augen und ich glaubte mich übergeben zu müssen.

Paul glotzte mich an. Dann schrie er zurück und warf mir die unflätigsten Dinge an den Kopf.

Als Antwort pfefferte ich ihm eine Ohrfeige ins Gesicht.

»Hau ab!«, schrie ich ihn an. »Verschwinde aus meinem Leben und lass dich nie wieder blicken!«

Ich tobte und schrie. Einen Moment war ich kurz davor, aus der Küche ein Messer zu holen und ihn abzustechen, doch eine gnädige Vorsehung hinderte mich daran. Stattdessen ging ich mit wenigen Schritten zum Kleiderschrank, riss seine Klamotten heraus und donnerte sie ihm vor die Füße.

»Nimm deinen Scheiß! Und jetzt raus!«

Zehn Minuten später hatte ich Paul aus der Wohnung geworfen. Seine Kleider schmiss ich ihm auf die Straße hinterher. Direkt im Anschluss rief ich meinen Bruder an, der das Türschloss auswechselte. Meine Tochter war zum Glück gerade auf dem Ponyhof, sodass sie das Drama nicht mitbekam.

Als er weg war, mistete ich alles aus, was ich von Paul finden konnte und löschte etwa 10.000 pornographische Bilder von seinem Computer.

Wieder hatte mich ein Scheißkerl betrogen. Wieder war mein Traum von einer glücklichen Beziehung geplatzt. Wieder war nur Trauer und Schmerz geblieben. Ich war bis in mein Innerstes verletzt, heulte eine ganze Nacht hindurch. Erst am frühen Morgen schlief ich ein und erwachte spät am Vormittag. Grau war alles und ich fühlte eine unglaubliche Leere in mir.

Damit war Paul aus meinem Leben verschwunden, doch jetzt ging es richtig los mit meinen Problemen.

Die Wohnung war viel zu teuer für mich. An jedem Ersten des Monats wurde die Miete fällig und die überstieg mein Budget bei weitem! Ich versuchte sofort aus dem Vertrag herauszukommen, doch der hatte eine Kündigungsfrist von drei Monaten. Drei Monate musste ich noch in der Riesenwohnung bleiben. Schon bei dem Gedanken daran, was mir finanziell bevorstand, beschlich mich ein grauenhaftes Gefühl.

Direkt im ersten Monat rutschte ich ins Minus.

Ich hatte immer sparsam gelebt und war damit über die Runden gekommen. Und jetzt hatte ich Schulden! Ich versuchte noch mehr zu sparen, gab praktisch nichts mehr aus, doch alle Rechnungen mussten bezahlt werden. Der zweite Monat schlug wieder zu. Ich konnte nicht mehr schlafen und fühlte mich nur noch fürchterlich. Nicht genug Geld zu haben ist für mich ein grauenhafter Zustand. Jetzt meldete sich die Bank. Eine teilnahmslose männliche Stimme wies mich darauf hin, dass mein Konto überzogen sei. Ich versuchte ihnen die Situation zu erklären, doch er machte Druck. Ich versprach, alles auszugleichen. Als ich auflegte, heulte ich los. Ich hatte kein Geld mehr und wusste nicht, wie ich uns ernähren sollte. Meine Mutter hatte auch kein Geld und konnte uns nicht helfen.

Es war ein trüber Oktobertag, als ich buchstäblich nichts mehr zu essen im Haus hatte. Meine Mutter war gerade zu Besuch und ich schämte mich fürchterlich. Noch schlimmer war, dass wir zur Tafel gehen mussten. Ich war zu feige, mich mit den anderen gescheiterten Existenzen in die Schlange zu stellen, und wartete an einer Straßenecke. Meine Mutter musste allein hineingehen. Sie weinte, als sie in das Gebäude trat. Ich fühlte mich erbärmlich. Ich brauche nicht viel zum Leben, aber das Wenige, was ich habe, lasse ich mir nicht schenken. Ich war immer stolz darauf, mich selbst über Wasser halten zu können und jetzt das!

Als meine Mutter wieder auf die Straße trat, warf sie mir einen Blick zu, der mir das Herz zerriss. Ich schämte mich in Grund und Boden. Bald schon würde die dritte Miete fällig werden. Es musste irgendetwas geschehen.

Wir aßen schweigend zu Abend. Die Stimmung war fürchterlich. Nach dem Essen verkroch ich mich an meinen PC und surfte herum. Ich ging auf eine Freundschaftsseite, auf der ich mich einige Wochen zuvor angemeldet hatte. Dort stieß ich auf eine Frau namens Brigitte. Wir schrieben über dies und das. Schließlich konnte ich nicht mehr an mich halten und schüttete ihr mein Herz aus. Ich klagte ihr mein ganzes Leid. Sie zeigte viel Verständnis. Es tat gut, jemanden zu haben, der nicht verurteilte, sondern zuhörte.

»Was du durchmachst, ist heftig«, schrieb sie. »Männer sind doch alle gleich. Sie wollen alle nur Sex und sind im Grunde Arschlöcher.«

»Es gibt auch einige Ausnahmen«, schrieb ich zurück. »Aber sie sind selten. Und von Männern habe ich jetzt echt die Nase voll.« Eine halbe Minute kam keine Antwort. Dann folgte nur ein Satz.

»Man kann aber auch gutes Geld mit ihnen verdienen.«

Ich war irritiert. Mein Herz begann zu klopfen.

»Was meinst du damit?«, schrieb ich zurück.

»Ich kann vielleicht mal etwas von mir erzählen«, antwortete Brigitte. »Ich bin 47 und wohne in Köln. Ich habe fünf Kinder und arbeite als Putzfrau. Einmal im Monat fahre ich für eine Woche nach H. Da gehe ich anschaffen, weil ich meine Familie sonst nicht durchbringen kann.«

Sie arbeitete als Prostituierte. Ich war perplex.

»Da kannst du eine Menge verdienen«, schrieb sie weiter. »Mit den Männern und dem Sex musst du eben klarkommen. Da sind die verrücktesten Typen dabei. Aber mit dem Job kommst du aus deinen Schulden heraus.«

Als Prostituierte arbeiten? Da war es wieder, das Rotlichtmilieu. Die Gedanken rasten durch meinen Kopf. Das Erste, was ich fühlte, war Angst. Angst vor durchgeknallten Typen, vor Gewalt, vor Zuhältern, vor Drogen und Alkohol. In dem Puff in S. hatte ich schon solche Angst gehabt. Und jetzt stand ich wieder vor der Entscheidung. Ich konnte Nutte werden. Das war für mich die einzige Möglichkeit, viel Geld zu verdienen.

»Du kannst mich in H. besuchen«, schrieb Brigitte. »Dann zeige ich dir alles und du kannst auch schon sofort anfangen, wenn du willst.«

Das ging mir alles zu schnell. Eben erst hatte ich davon erfahren, jetzt sollte ich schon anfangen.

»Das hört sich interessant an«, schrieb ich. »Aber ich muss mir das noch überlegen. Kann ich mich wieder bei dir melden?«

»Klar. Schreib mir einfach, wenn du deine Entscheidung getroffen hast.«

Ich schaltete den Computer aus, saß da und blickte aus dem Fenster. Mit wem konnte ich darüber reden? Mit meiner Mutter? Unmöglich. Vielleicht Alexa. Ich zog mein Handy aus der Tasche und rief sie an.

»Hör mal«, meinte ich. »Können wir uns auf einen Kaffee treffen? Ich muss etwas Wichtiges mit dir besprechen.«

»Klar«, sagte sie. »Morgen Nachmittag? Im ›Lebenslust‹? 15:00 Uhr?«

»Super«, sagte ich. »Bis morgen.«

Es folgte eine Nacht, in der ich mal wieder lange nicht einschlief. Ich fühlte mich in der Zwickmühle. Ich brauchte Geld, unbedingt. Aber mit meinen normalen Jobs konnte ich es vergessen, so viel zu verdienen. Und die Geschichte mit der Tafel hatte mir gereicht. Ich wollte so etwas nie wieder erleben. Ich musste einfach an Geld kommen. Gott sei Dank erlöste mich der Schlaf von meinen Gedanken.

Der nächste Tag war ein Sonntag. Meine Mutter fuhr nach dem Frühstück und die Atmosphäre beim Abschied war alles andere als gut.

»Sei sparsam«, sagte sie. »Irgendwie werden wir es schaffen.« Ich musste meine Tränen zurückhalten und nickte nur. Wenn sie gewusst hätte ... Ich war froh, als ich wieder allein war.

Ich half Janine bei ihren Schulaufgaben, sagte natürlich kein Sterbenswörtchen. Um eins legte ich mich hin, konnte aber nicht schlafen. Aus den Augenwinkeln schielte ich immer auf die Uhr. Um halb drei sprang ich auf und machte mich fertig.

Eine halbe Stunde später saß ich im Café und wartete ungeduldig auf Alexa. Sie kam fünf Minuten später. Wir bestellten jeder einen Latte, dann sah sie mich an.

»Schieß los«, meinte sie. »Was hast du auf dem Herzen?«

Ich druckste etwas herum, bis ich schließlich mit meinem ganzen Elend herausrückte. Ich erzählte von meinen Schulden und der finanziellen Falle, in der ich saß. Und dann berichtete ich von dem Angebot, das Brigitte mir gemacht hatte. Alexa bekam große Augen.

»Du willst als Hure arbeiten?«, fragte sie nur.

»Ich weiß nicht, ob ich das will«, erwiderte ich. »Aber es ist die einzige Möglichkeit, an viel Geld zu kommen.«

Alexa sah mich lange und prüfend an.

»Du musst jeden Tag Sex mit Männern haben«, meinte sie dann. »Und zwar mit allen

Männern, die zu dir kommen. Da kannst du nicht einfach sagen, nö danke, dich will ich nicht.«

»Solange sie nicht aggressiv werden«, sagte ich. »Davor habe ich am meisten Angst.«

»Das kommt noch dazu«, sagte Alexa. »Da hätte ich auch Schiss vor. Aber wirklich mit jedem vögeln, der zur Tür reinkommt …«

»Schön finde ich das ja auch nicht«, sagte ich. »Aber wie gesagt, es gibt Kohle.« Alexa trank einen Schluck Kaffee.

»Also du kannst es dir vorstellen?«, fragte sie dann.

»Ich kann es mir ja zumindest mal angucken. Ich muss ja nicht sofort loslegen. Würdest du mit mir nach H. fahren?«

»Das mache ich, kein Thema. Ich lasse dich nicht allein ins Unglück rennen.«

»Danke«, meinte ich. »Allein würde ich mich wirklich nicht trauen.«

*

An einem Dienstagmorgen fuhren wir nach H. Die Sonne schien an diesem Tag, doch meine Stimmung war nicht dementsprechend. Obwohl Alexa bei mir war, hatte ich ungeheure Angst. Was würde mich in H. erwarten? Was, wenn alles nur Fake war? Was, wenn nicht Brigitte, sondern jemand anderes auf mich warten würde?

Die Wohnung lag am Stadtrand von H. In der Nähe befand sich ein Industriegebiet, die Gegend war nicht wirklich gepflegt. Wir parkten vor der angegebenen Hausnummer.

»Du wartest hier«, sagte ich zu Alexa. »Wenn ich in zehn Minuten nicht wieder hier bin, rufst du die Polizei.«

Ich stieg aus und ging die wenigen Schritte zum Haus. Brigitte hatte mir gesagt, dass sich die Wohnung im Keller befand. Ich atmete einmal tief ein, dann klingelte ich. Nach wenigen Sekunden ertönte der Summer und ich drückte die Tür auf. Das Treppenhaus roch nach Putzmitteln, Stufen führten ins Souterrain, wo die Wohnungstür schon halb offenstand. Vorsichtig ging ich hinunter. In diesem Moment tauchte eine Frau im Türrahmen auf. Sie war klein, etwa 1,60 m, trug schwarze Leggings und einen schwarzen Pullover. Ihre Haare waren kurz und blond. Sie streckte mir die Hand entgegen und lächelte mich an.

»Hallo«, meinte sie, »du bist Marlena?«

»Das ist richtig«, sagte ich und gab ihr die Hand. Ich betrat die Wohnung. Sie war geräumig, hatte zwei Schlafzimmer, Wohnzimmer, Küche und Bad. Alles sah gepflegt aus, die Wohnung wurde regelmäßig saubergemacht. Brigitte führte mich ins Wohnzimmer, wo zwei Sofas standen. Es lief ein kleiner Fernseher, bei dem sie den Ton abstellte. Sie bot mir einen Kaffee an.

»Das ist mein Reich«, sagte sie. »Hier findet alles statt.«

»Du bist die ganze Woche über hier?«, fragte ich. Brigitte nickte.

»Arbeiten und leben, alles in dieser Wohnung. Aber es geht eigentlich in einem durch. Ich habe hier nicht viel Freizeit. Und wenn ich nichts zu tun habe, gucke ich Fernsehen oder sitze mal draußen auf der kleinen Terrasse.«

Ich schaute an ihr vorbei zu einer Glastür, die nach draußen führte.

»Wenn du willst, kannst du gleich anfangen.«

Ich schüttelte den Kopf.

»So schnell kann ich das nicht«, sagte ich. »Ich muss noch eine Nacht drüber schlafen.

Aber wenn ich das für mich klar habe, würde ich morgen vorbeikommen. Dann kann es losgehen.«

»Okay«, meinte Brigitte, »so können wir es machen. Willst du noch die beiden Schlafzimmer sehen?«

Ich nickte. Brigitte führte mich durch den Flur und zeigte mir die beiden Zimmer, in denen jeweils ein großes Doppelbett stand. Sie waren mit roter Bettwäsche bezogen. An der Wand stand jeweils eine Kommode mit einigen Utensilien darauf, an den Wänden hingen ein paar nichtssagende Bilder.

Hier würde mein zukünftiger Arbeitsplatz sein. Hier würde ich mit all den Kunden Sex haben.

»Danke«, sagte ich zu Brigitte, »ich melde mich morgen bei dir.«

Ich verabschiedete mich, zwei Minuten später saß ich wieder bei Alexa im Auto.

»Und?«, fragte sie, »wie war es?«

Ich schwieg einen Moment.

»Eigentlich nicht so schlimm, wie ich befürchtet hatte«, sagte ich dann. »Brigitte ist nett, die Wohnung ist sauber.«

»Das heißt, du machst es?«

Ich schwieg wieder.

»Ja«, sagte ich schließlich, »darauf wird es wohl hinauslaufen.«

*

Noch am selben Abend rief ich Brigitte an.

»Ich fange morgen bei dir an«, sagte ich. »Um zehn Uhr bin ich da.«

»Gut«, antwortete Brigitte. »Ich warte auf dich. Bring etwas Nettes zum Anziehen mit. Du wirst sehen, so schlimm wird es gar nicht.«

»Hoffentlich«, sagte ich nur. »Wir sehen uns morgen.«

Als ich aufgelegt hatte, blieb ein schlechtes Gefühl. Morgen würde ich zum ersten Mal als Nutte arbeiten. Nackte Körper, Schwänze wichsen, fremde Männer in mir.

»Bist du eigentlich wahnsinnig?«, dachte ich. »Was tust du da?« Doch dann dachte ich: »Jetzt bist du soweit, jetzt versuchst du es einfach.«

Ich rief im »Goldenen Eck« an und nahm mir für eine Woche Urlaub. Die Nacht schlief ich einigermaßen gut, wachte früh auf.

Janine ging um halb acht zur Schule. Als sie weg war, suchte ich mir etwas aus dem Kleiderschrank. Dessous hatte ich keine, aber ein sexy Oberteil, einen kurzen Rock, schwarze Strumpfhosen und Pumps.

Ich betrachtete mich im Spiegel und dachte: »Okay, so kannst du fahren.«

Nach einem letzten Schluck Kaffee machte ich mich auf den Weg. Die Strecke nach H. kam mir an diesem Tag länger vor. Die ganze Fahrt über begleitete mich ein mulmiges Gefühl. Als ich das Auto parkte, nieselte es leicht. Ich hatte diesmal zwei Straßen weiter geparkt und ging durch den leichten Regen.

Brigitte öffnete mir wieder so freundlich wie am Tag zuvor.

Sie hatte keinen Gast in der Wohnung und so setzten wir uns zusammen, tranken Kaffee und unterhielten uns.

»Wir warten einfach ab, was passiert«, sagte Brigitte. »Die Männer wissen, dass es diese Wohnung gibt. Sie kommen spontan vorbei und dann schauen wir einfach.«

Die Anwesenheit von Brigitte beruhigte mich, ich war froh, dass ich nicht allein war. Ich beruhigte mich soweit, dass ich einige Momente ganz vergaß, warum ich eigentlich hier war. Brigitte erzählte aus ihrem Leben, ich aus meinem. Vor allen Dingen unterhielten wir uns über unsere Erfahrungen mit Männern.

Plötzlich klingelte es. Mein Herzschlag ging in die Höhe. Brigitte stand auf, ging zur Tür und öffnete.

Herein kam Albert. Er war Außendienstler, groß, schlank, gut gekleidet und insgesamt eine nette Erscheinung. Eigentlich wollte er zu Brigitte, doch die meinte, Albert wäre doch ein guter Anfang für mich. Ich war einverstanden.

Albert ging erstmal duschen. Ich war ziemlich nervös, obwohl er mir nicht unsympathisch war. Ich hatte mir die Freier schlimmer vorgestellt. Als er aus dem Bad kam, gingen wir dann in eines der Schlafzimmer.

Albert legte sich aufs Bett und ich stand vollkommen angezogen und schüchtern in einer Ecke.

»Wie heißt du denn?«, fragte Albert.

»Ich kann ihm doch jetzt nicht meinen wahren Namen sagen«, dachte ich. Einen Moment später sagte ich einfach: »Ewa«, also die polnische Form mit »w«.

»Ah schön – Ewa ... und jetzt ... willst du nicht mal langsam anfangen?«

Ich stotterte herum und trat von einem Bein aufs andere. Ich war einfach unerfahren und wusste absolut nicht, wie ich weitermachen sollte. Albert lächelte.

»Soll ich dir jetzt sagen, was du tun sollst?«, fragte er.

»Ja, das wäre schön«, antwortete ich. Was sollte ich auch anderes sagen.

»Also, dann fände ich es erstmal gut, wenn du dich ganz langsam und sexy für mich ausziehen würdest«, meinte er.

»Super«, dachte ich, »Striptease mache ich ja jeden Tag.«

Ich begann mich also auszuziehen. Ob es so sexy war, weiß ich nicht, doch schließlich stand ich völlig nackt vor ihm.

»Das war ja schon mal ganz gut«, meinte Albert. »Dann komm mal her.«

Ich ging zum Bett und legte mich neben ihn. Er berührte und küsste mich.

»So, jetzt kannst du mir schön einen blasen«, sagte er dann.

Puh. Ich hatte ja schon Sex mit Männern gehabt, aber so einfach auf Kommando, ohne Gefühl und mit einem fremden Mann, das war heavy.

Aber ich musste. Als Erstes musste ich die Kondompackung aufmachen, was überhaupt nicht funktionierte. Schließlich hatte ich das Ding offen, aber dann glitschte mir das Kondom ständig weg und er musste mir helfen, es über seinen Schwanz zu ziehen. Das war oberpeinlich. Dann musste ich loslegen.

Okay, ich nahm seinen Schwanz mit Widerwillen in den Mund und begann so gut es ging zu blasen. Ich hatte einen ziemlichen Ekel dabei und so gut war es auch wieder nicht: Albert brach das Ganze bald ab.

»Du darfst nicht so viel Zähneeinsatz zeigen«, meinte er. Ich verstand ihn erst überhaupt nicht. Er erklärte mir, was er meinte. Daraufhin blies ich weiter und ging sanfter vor. Albert stöhnte leise vor sich hin und schien das Ganze zu genießen. Meine Lust hielt sich sehr in Grenzen, ich lutschte an ihm herum und hoffte nur, dass sich alles nicht zu sehr in die Länge ziehen würde. Schließlich drängte er meinen Kopf weg, ging zum Geschlechtsverkehr über und nahm mich in Missionarsstellung. Ich lag da wie ein Wurm und ließ das Ganze über mich ergehen. Es war ein beklemmendes Gefühl, so unter ihm zu liegen und das Gefühl zu haben, ihm ausgeliefert zu sein. Empfinden tat ich überhaupt nichts, konnte nur froh sein, dass er nicht widerlicher war. Er hatte die Augen geschlossen, rammelte vor sich hin und stöhnte wieder leise.

Nach zwei, drei Minuten nahm er mich von hinten, stieß in mich hinein. Er war so erregt, dass er schließlich kam. Dann ließ er von mir ab, legte sich ermattet auf die Matratze und sagte erstmal gar nichts. Ich hatte meinen ersten Kunden überstanden. Nach ein, zwei Minuten kam er wieder zu sich und lächelte mich an.

»Du machst das Ganze aber noch nicht lange?«, fragte er mich. Ich schüttelte den Kopf.

»Ehrlich gesagt ist das mein erster Tag und du bist mein erster Kunde«, sagte ich schüchtern. Er lachte.

»Dann war das heute ja eine echte Premiere. Wie war's?«

»Ganz okay.«

Das war gelogen. Ich hatte zwar Glück gehabt, weil Albert eigentlich freundlich war, aber geekelt hatte ich mich trotzdem. Wir unterhielten uns noch fünf Minuten, dann stand er auf und ging unter die Dusche.

Ich ging ins Wohnzimmer, setzte mich zu Brigitte und zündete mir eine Zigarette an.

»Alles klar?«, fragte sie mich. Ich nickte nur und zog an meiner Zigarette. In Wirklichkeit war ich fix und fertig mit den Nerven. Durch die geöffnete Terrassentür wehte kalte Herbstluft herein. Aus dem Bad kamen Duschgeräusche von Albert. Endlich war er fertig, kam angezogen zu uns ins Wohnzimmer und verabschiedete sich. Kaum hatte er die Wohnungstür hinter sich geschlossen, rannte ich ins Bad und stellte mich unter die Dusche. Ich duschte bestimmt zwanzig Minuten, ließ das heiße Wasser über meinen Körper rinnen und versuchte, all den Dreck von mir abzuwaschen. Ich fühlte mich erbärmlich, dreckig und widerlich, wie ein Stück Scheiße. Der Wasserdampf stieg aus der Duschkabine und beschlug die Fenster. Wie sollte ich das bloß weiter durchstehen? Endlich, als meine Haut schon ganz schrumpelig geworden war, drehte ich die Wasserhähne zu und schob die Trennwand beiseite. Ich schnappte mir ein großes Handtuch, trocknete mich sorgfältig ab. Dann zog ich mir wieder meine Sachen an und ging zu Brigitte. Die Tür nach draußen war mittlerweile geschlossen, im Zimmer war es wärmer und Brigitte hatte frischen Kaffee gemacht. Ich fühlte mich noch immer jämmerlich, setzte mich hin und nippte an meinem Kaffee. Brigitte streichelte mich kurz an der Schulter.

»Du wirst dich schon dran gewöhnen«, sagte sie. »Zu Anfang ist es immer hart, aber irgendwann wird es ganz normal werden.«

Normal? Das bezweifelte ich. Wie sollte ich mich an diese fremden Körper, die mich beschmutzten, jemals gewöhnen?

Da klingelte es schon wieder. Brigitte stand sofort auf, ging zur Tür und öffnete. Herein kam David. Er war Anfang vierzig, blond, sehr dünn. Er hatte stechende Augen, war ziemlich fahrig in seinen Bewegungen, aber bemühte sich, freundlich zu sein.

»Willst du ihn wieder haben?«, fragte Brigitte. »Ich habe diese Woche schon genug verdient.«

Was sollte ich machen? Zum Geldverdienen war ich hier und jetzt bot sich die zweite Chance. Ich musste da durch, auch wenn ich mich so elend fühlte.

»Okay«, sagte ich, »vielen Dank.«

Ich gab David die Hand. Sie fühlte sich kalt und knochig an. Als er mich anlächelte, sah ich, dass seine Zähne in keinem guten Zustand waren. Leichte Übelkeit stieg in mir auf, doch ich riss mich zusammen und ging ins Schlafzimmer. Ich zeigte ihm alles, dann das Bad. Er verschwand, um sich frischzumachen. Ich setzte mich aufs Bett und wartete. Nach einigen Minuten erschien er wieder, nur mit einem Slip bekleidet, den er dann auch auszog. Als ich sah, was für einen Riesenschwanz er hatte, wurde mir ganz anders. Ich bekam wirklich Angst, dass er mich verletzen würde. Er legte sich nackt aufs Bett und ich begann, wieder meine Striptease-Nummer abzuziehen. Es war noch nicht gerade Weltklasse, aber ganz allmählich bekam ich ein Gefühl dafür, mich möglichst sexy zu bewegen. Als ich nackt dastand, legte ich mich zu ihm und wir berührten uns. Er war erstaunlich zärtlich, was ich bei seiner verhärmten Erscheinung gar nicht erwartet hätte. Dann verlegte ich mich wieder aufs Blasen. Sein Schwanz roch nach Parfum, er musste ihn eingesprüht haben. Ich konnte nicht verhindern, dass ich mich wieder ekelte. Tapfer brachte ich die Sache hinter mich, dann nahm er mich wieder von vorne und hinten. Es tat tatsächlich weh, weil sein Schwanz so riesig war, aber ich biss die Zähne zusammen und sagte keinen Ton. Gott sei Dank kam er relativ schnell und ich war mit der ganzen Nummer durch.

David verschwand dann schnell, die ganze Sache hatte nicht länger als zwanzig Minuten gedauert. Ich ging sofort wieder ins Bad, putzte mir die Zähne und stellte mich unter die Dusche. Am ersten Tag zwei Männer hintereinander, das war für mich mehr als genug.

Ich sagte Brigitte, dass ich für heute nicht weiterarbeiten wollte, wofür sie auch sofort Verständnis hatte. Ich fragte sie noch, ob ich ihr etwas zahlen sollte, doch sie wehrte ab.

»Kommst du morgen wieder?«, fragte sie noch.

»Ich weiß nicht«, antwortete ich, »ich werde es mir heute Abend überlegen. Ich rufe dich dann an.«

»Ist in Ordnung. Du hast dich wirklich tapfer geschlagen.« Sie umarmte mich noch, dann war ich wieder draußen. Der Himmel war grau, die Luft nass und kalt.

Kaum saß ich im Auto und hatte den Motor gestartet, als ich zu weinen anfing. Die Tränen flossen mir die Wangen hinunter und ich hörte auf dem gesamten Heimweg nicht auf. Ich fühlte mich billig, mies und elend. Ich war eigentlich überhaupt nicht gebaut für diesen Job, war zu klug und zu lieb, um solch eine Arbeit zu tun. Gleichzeitig hatte ich wieder das Bild meiner Mutter vor Augen, wie sie aus der Tafel kam und Almosen für uns bekommen hatte. Ich hatte keine Wahl, ich musste diesen Job machen. Ich dachte an die 100 Euro, die ich jetzt in der Tasche hatte. Ich konnte für Janine und mich einkaufen, meiner Mutter etwas geben und war wieder flüssig. Doch zu welchem Preis hatte ich das erkauft? Ich hatte mich prostituiert, meinen Körper für Geld gegeben. Ich war eine Hure.

In meinem Heimatort ging ich als Erstes in den Supermarkt und kaufte ein: Milch, Butter, Aufschnitt, Fleisch, Gemüse, alles, was ich brauchte, um den Kühlschrank zu füllen.

Zu Hause verschwand ich sofort im Bad, wusch mir das Gesicht und versuchte, die Spuren der Tränen loszuwerden. Janine saß vor dem Fernseher und schaute kurz auf, als ich ins Zimmer kam. Sie dachte, ich hätte im »Goldenen Eck« gearbeitet.

»Wie war's, Mami?«, fragte sie mich.

»Gut«, antwortete ich, »viel zu tun, aber nichts Besonderes.« Sie schaute wieder auf den Fernseher. Ich verdrückte mich in die Küche und kochte uns etwas zu Abend.

Eine Viertelstunde später saßen wir zu zweit am Tisch und aßen. Ich war alles andere als gesprächig, machte aber trotzdem etwas Small Talk mit Janine, damit sie keinen Verdacht schöpfte. Appetit hatte ich überhaupt keinen, aber ich zwang mich zum Essen. Als wir fertig waren, verschwand Janine wieder vor den Fernseher. Ich ließ sie schauen, was sie wollte, erledigte alleine den Abwasch und war froh, als ich mich in mein Zimmer zurückziehen konnte.

Der Anruf bei Brigitte war noch fällig. Sollte ich weitermachen? Ich kämpfte mit mir, doch schnell war mir klar: Ich brauchte die verdammte Kohle.

Ziffer für Ziffer wählte ich Brigittes Nummer. Sie ging sofort dran.

»Ich bin's, Marlena«, begrüßte ich sie.

»Bist du gut nach Hause gekommen?«

»Danke ja. Soweit ist alles in Ordnung. Ich habe mir die ganze Sache nochmal durch den Kopf gehen lassen.«

»Und?«

»Ich mache weiter. Ich komme morgen wieder nach H.«

»Okay, ich bin dann auch wieder da. Du kannst morgen Conny, den Vermieter treffen. Zehn Uhr?«

»Alles klar. Um zehn bin ich bei dir.«

Ein kurzer Abschiedsgruß, das war's. Vor dem Fenster war es stockdunkel, einzig das entfernte Licht einer Straßenlaterne beleuchtete die gegenüberliegende Häuserfront. Ich fühlte mich müde und leer. Einige Minuten saß ich regungslos da, dann stand ich auf und machte mich bettfertig. Ich wollte nur noch schlafen.

*

Der Wecker klingelte um sieben. Janine musste zur Schule. Ich quälte mich aus dem Bett, putzte mir die Zähne, duschte mich. Dann weckte ich Janine, die wie immer nicht aus den Federn gekommen war.

Das Frühstück verlief ähnlich schweigsam

wie das Essen am Abend zuvor. Ohne viel Worte verschwand Janine um halb acht zur Schule. Lustlos machte ich den Haushalt, bis es kurz nach neun war. Ich musste los. Sollte ich mich in einen neuen Dress werfen? Ich überlegte kurz, dann zog ich die Klamotten vom Vortag an.

Das Wetter war nicht besser geworden. Wenn wenigstens Sommer gewesen wäre. Kaum war ich auf der Autobahn, geriet ich in einen Stau. Knapp zwei Kilometer schob ich mich vorwärts. Ein Audi hatte sich aufs Dach gelegt. Wenigstens gab es Menschen, die es noch übler erwischt hatte. Der Rest der Strecke war frei, ich trat aufs Gas. Was würde mich heute erwarten?

Brigitte begrüßte mich wieder freundlich. Wäre sie nicht so nett, ich glaube, ich hätte die Brocken schon hinge-schmissen.

Im Zimmer wartete Conny auf mich. Er war der Vermieter, etwa sechzig Jahre alt, gerade mal 1,65m groß, und besaß eine dicke Plauze. Er trug ein gestreiftes Poloshirt, Jogginghosen und Jesuslatschen und war insgesamt eine merkwürdige Erscheinung. Sein Händedruck war weich und schlaff.

»Du kannst hier arbeiten, wenn du willst«, sagte er mit dünner Stimme. »Kostet 100 Euro am Tag.«

Ich schaute zu Brigitte und die nickte.

»Okay«, sagte ich, »bin einverstanden.«

»Alles klar«, sagte Conny, »ich kassiere immer am Ende der Woche.« Er trank seinen Kaffee aus und verschwand.

Jetzt war es amtlich. Meine Probezeit war vorüber. Wir quatschten etwa 10 Minuten: Brigitte erzählte von Conny und ihrem Job, als es klingelte.

Herein kam Paul: etwa 35 Jahre alt, 1,75m groß, gut gebauter Körper, blondes Haar, nett und freundlich. Brigitte wollte ihn aber überhaupt nicht, was mich erstaunte.

»Okay«, sagte ich, »dann nehme ich dich.«

Ich führte ihn ins Schlafzimmer, wo er sich bis auf den Slip auszog und aufs Bett legte. Ich zog mein übliches Programm mit meinem Striptease ab, legte mich dann zu ihm, streichelte ihn etwas und zog ihm seine Unterhose aus.

Da sah ich das ganze Elend: Es gibt ja Mini-Wini-Würstchen, aber Pauls Schwänzchen war nochmal die Hälfte von Mini-Wini.

Halb so kurz und halb so dünn wie ein Mini-Schwänzchen.

Was sollte ich damit machen? Blasen konnte ich das nicht, wichsen auch nicht und wie um Himmels Willen sollte ich ihn ficken? Ich fühlte mich ehrlich gesagt veralbert.

Okay, vorsichtig nahm ich sein Schwänzchen in den Mund, nuckelte daran herum, dann nahm ich es zwischen zwei Finger und wichste ihn vorsichtig. Er hatte die Augen geschlossen und gab keinen Ton von sich. Allmählich wurde mir klar, warum Brigitte ihn nicht haben wollte. Paul musste verdammt frustriert sein. Er hatte offensichtlich keine Freundin und ich dachte mir, eine Frau, die noch Spaß an Sex hat, will so einen wie ihn bestimmt nicht. Er tat mir leid, aber mit ihm war der Sex wirklich anstrengend.

Nach einigen Minuten schnappte ich mir ein Kondom, holte es aus der Verpackung – was mittlerweile schon besser funktionierte – und versuchte es ihm überzustreifen. Es hing wie eine Plane über seinem Miniaturgürkchen.

Ich setzte mich auf ihn und fickte ihn, so gut es ging. Ich musste während des Fickens das Gummi festhalten, weil es so locker saß, dass es ständig abging. Er kam relativ schnell und ich war erlöst.

Ich verabschiedete Paul an der Wohnungstür und ging ins Wohnzimmer. Brigitte saß da, rauchte und zwinkerte mir zu.

»Na, war's schön?«, fragte sie. Ich konnte nur kurz auflachen.

»Was war das denn?«, meinte ich. »Da war ja überhaupt nichts.«

»Tja, Paul hat Pech gehabt«, sagte Brigitte. »Die Natur hat es nicht gut mit ihm gemeint.«

»Das kann man wohl sagen«, entgegnete ich. »Er kann einem wirklich leidtun.«

»Er hat mir mal erzählt, dass er noch nie eine Freundin hatte. Wahrscheinlich traut er sich schon gar nicht mehr, eine anzusprechen.«

»Gut für uns. Aber jeden Tag brauche ich so was nicht.«

»Paul kommt etwa ein bis zweimal pro Monat. Er ist ein Sensibelchen. Zu ihm musst du immer nett sein.«

Ich schenkte mir einen Kaffee ein. Die nächste Stunde tat sich überhaupt nichts. Irgendwann starrten wir nur noch auf den kleinen Fernseher und guckten eine Vormittagssoap. Gerade als der Abspann lief, klingelte es wieder.

Der nächste Kunde war Ludger und Ludger war eine Show. Er war 1,95m groß, Mitte vierzig, trug einen Armani-Anzug und redete ohne Pause, dass einem schwindlig werden konnte.

»Hi, Baby«, meinte er zu mir, »ich bin Ludger, der geilste Autoverkäufer unter der Sonne. Keiner vertickt so viele Autos wie ich. Ich bin ohne Ende busy, aber für einen guten Fick habe ich immer Zeit. Ich will dich, denn du bist jung und süß und ich werde es dir besorgen, wie es dir noch kein Mann besorgt hat. Mich wollen alle Frauen haben und heute hast du das Glück, dass du mich bekommst. Ich bin der geilste Ficker unter der Sonne und ich besorge dir fünf Orgasmen in zwanzig Minuten. Komm Baby, gleich heben wir ab.«

Er packte mich einfach an der Hand und zog mich ins Schlafzimmer. Dort stellte er selber die Musik an, fuhr sich mit der Zunge über die Lippen, als wollte er mich geil machen und dann legte er zur Musik von Michael Jackson einen Striptease für mich hin. Er zog sich komplett aus, guckte mich dabei gierig an, drehte sich um und wackelte mit seinem Arsch für mich. Danach tänzelte er fröhlich ins Bad und machte sich frisch. Ich stand nur da und sagte gar nichts mehr.

Kurz darauf kam er mit einem Handtuch um die Hüften zurück, warf es weg und stellte sich splitterfasernackt vor mich hin.

»So Baby«, sagte er, »jetzt bekommst du den Fick deines Lebens.«

Er packte mich und zog mich mit groben Bewegungen aus. Dann warf er mich nackt aus Bett, küsste mich hart, wobei er mir seine dicke Zunge in den Rachen schob. Danach verschwand er zwischen meinen Schenkeln und leckte mich so brutal, dass ich fast zu wimmern begonnen hätte.

»Bitte, lieber Gott«, dachte ich, »lass es schnell vorbeigehen.« Er hielt sich aber bestimmt zehn Minuten zwischen meinen Schenkeln auf, 10 Minuten, die mir wie eine endlose Stunde vorkamen. Dann ließ er von mir ab, aber nur, um meinen Kopf zu packen und mir seinen Schwanz bis zu den Mandeln in den Mund zu schieben. Ich bekam kaum noch Luft, die Tränen liefen mir über die Wangen und der Sabber aus den Mundwinkeln. Es war grauenhaft. Es war so brutal und heftig, dass ich dachte, ich müsste mich übergeben.

Als er damit fertig war, presste er mich aufs Bett und nahm mich von vorne. Wie eine Dampframme hämmerte er in mich hinein, ohne Pause, wie ein Hochleistungssportler. Dann packte er mich an den Hüften, drehte mich um und das Ganze ging von hinten weiter. Ich konnte bei dem Gehämmere keinen klaren Gedanken mehr fassen, das Einzige, was ich mitbekam, war, dass er plötzlich abspritzte. Zwei Sekunden später zog er seinen Schwanz aus mir heraus, warf sich neben mich aufs Bett und fragte: »Na, wie war ich, Baby?«

Was ich in diesem Moment dachte, spottet jeder Beschreibung. Ich dachte nur: »Du warst so furchtbar. Was ich eben durchmachen musste, war krank und widerwärtig. Du bist nur nicht in der Lage, das zu begreifen.« Sowas kann man einem Gast aber natürlich nicht sagen. Deshalb sagte ich stattdessen: »Ja, war schön.«

Da setzte er sich sofort auf, zeigte mit dem Finger auf mich und meinte eifrig: »Hab ich's dir nicht gesagt? Hab ich's dir nicht gesagt? Ich bin der geilste Hengst aus H.!«

»Du weißt gar nicht, was du bist«, dachte ich. Er sprang auf, tänzelte zu dem Stuhl, auf dem seine Klamotten lagen, zog sich hüftschwingend an, als wollte er einen umgedrehten Striptease hinlegen. Ich stand auch auf und zog mich unter Schmerzen an. Als er wieder in seinem Armani-Anzug steckte, nahm er mein Kinn in zwei Finger, schaute mir tief in die Augen und sagte: »Ciao Baby, mich wirst du nicht so schnell vergessen.«

»Ja«, dachte ich, »bei Gott, das werde ich nicht.«

Zehn Sekunden später war er aus der Tür und ich war unendlich froh darüber. Ich ging zu Brigitte, schüttete mir frischen Kaffee ein und rauchte eine Zigarette.

»Mein Gott, war dieser Typ fürchterlich«, sagte ich zu ihr. »Der war ja brutal wie eine Maschine. Und eingebildet wie sonst was.«

»Ja, von denen gibt es einige«, meinte sie. »Da ist man froh, wenn die wieder weg sind.«

»Allerdings«, sagte ich. Ich rauchte meine Zigarette auf und drückte sie aus. Dann stand ich auf, ging ins Bad und stellte mich unter die Dusche. Sie war mein Allheilmittel und mein Seelentröster – warmes, weiches Wasser, das mich einhüllte und sich wie Balsam über meine Wunden legte. Meine Scheide war völlig rot und geschwollen von diesem ganzen Gelecke und Geficke und ich fühlte mich elender denn je. Schließlich saß ich wieder bei Brigitte.

»Sei mir nicht böse«, sagte ich, »aber ich mache Schluss für heute. Ich habe überall Schmerzen und will nur noch nach Hause und mich ins Bett legen.«

Brigitte streichelte mich.

»Das kann ich gut verstehen. Fahr nach Hause und ruh dich aus. Kommst du morgen wieder?«

»Ja«, sagte ich, »morgen bin ich wieder da.«

Auf der Rückfahrt liefen mir wieder einmal die Tränen die Wangen hinunter und eines wusste ich jetzt: Dieser Job war längst nicht so einfach, wie viele behaupteten.

*

Ich schlief schlecht in dieser Nacht, wachte mehrmals auf. Am nächsten Morgen war ich einen Moment lang versucht, daheim zu bleiben, doch ich riss mich zusammen. Ich hatte zugesagt, also blieb es auch dabei.

Wenigstens kam auf der Fahrt nach längerer Zeit die Sonne durch, was meine Stimmung etwas besserte. Wen würde ich heute bedienen müssen? Wartete wieder ein Horror-Kunde auf mich?

Brigitte empfing mich mit einer Nachricht, die mich im ersten Moment aus der Bahn warf.

»Ich habe für diesen Monat genug verdient«, sagte sie zu mir. »Ich fahre wieder nach Köln. Du kannst hier alleine weitermachen.«

Ich schluckte. Brigitte war für mich bisher ein Schutz gewesen. Ich wusste immer, dass sie im Nebenraum saß. Wenn ernsthaft Gefahr drohte, wäre sie sofort da und würde mir helfen. Und jetzt wollte sie fahren. Ich war auf Gedeih und Verderb jedem Kunden ausgeliefert, der hier klingelte. Die Sache mit Ludger steckte mir noch in den Knochen. Was war, wenn wieder so ein Typ auftauchte, jemand, der noch schlimmer war, mir ernsthaft etwas tun wollte? Doch ich verdrängte meine Bedenken. Ich konnte an Brigittes Entscheidung nichts ändern und musste sie akzeptieren.

Wir umarmten uns zum Abschied und Brigitte strich mir noch einmal über die Wange.

»Du schaffst das schon«, meinte sie. »Ich mache den Job schon so lange und bin immer noch dabei. Du wirst das auch packen.«

Ich hatte ziemliche Angst, aber wollte jetzt nicht jammern.

»Ich danke dir für deine Hilfe«, sagte ich.

»Halt die Ohren steif«, sagte Brigitte noch, dann war sie verschwunden.

Ich sollte sie nie wiedersehen.

Wir haben uns noch einige Male per Handy geschrieben, doch dann hat sie ihre Nummer geändert, aus welchen Gründen auch immer. Auch von der Website war sie plötzlich verschwunden.

Mehrmals habe ich noch an sie gedacht und es sehr bedauert, keinen Kontakt mehr zu ihr zu haben.

Ich hoffe, dass sie dieses Buch aus Zufall liest, mich erkennt und sich daraufhin bei mir meldet.

*

So saß ich jetzt also allein in der Wohnung. Nach einer Viertelstunde kam Conny vorbei und kassierte seine Miete. Hundert Euro. Mal eben so. Für einen Tag. Das musste ich erst einmal verdienen.

Er redete nicht viel und schlurfte dann wieder davon.

Mir wurde beklommen zumute. Durch die geöffnete Terrassentür war ein Flieger zu hören, im Fernseher wurde wieder über irgendeinen Driss getalkt. Der Kaffee schmeckte mir heute nicht, auch das Rauchen machte keinen Spaß.

Da klingelte es. Ich zuckte zusammen. Ich hatte so einen Schiss, dass ich am liebsten nicht aufgemacht hätte.

»Sei keine Memme«, sagte ich zu mir. »Das ist jetzt dein verdammter Job.«

Ich stand auf und öffnete vorsichtig die Tür.

Im Flur stand Konrad. Er sah erstmal nicht unsympathisch aus, und ich spürte ein Gefühl der Erleichterung. Ich bat ihn herein, wir setzten uns noch kurz ins Wohnzimmer. Er war etwa 45, trug einen Anzug und war Versicherungsmakler. Alles soweit gut, doch es gab ein Riesenproblem: Konrad hatte bestialischen Mundgeruch. Er roch fürchterlich nach faulen Eiern, nur zehnmal schlimmer. Schon als wir uns gegenübersaßen, spürte ich einen fürchterlichen Brechreiz. Doch ich traute mich nicht, ihm zu sagen, dass ich ihn nicht küssen wollte, weil er so fürchterlich aus dem Mund stank. Damals wusste ich noch nicht, dass Küssen bei Prostituierten nicht zum Service gehört. Also machte ich tapfer weiter mit dem Gespräch. Dann schließlich war es soweit: Er verschwand im Bad und lag kurz darauf in Shorts auf dem Bett im Schlafzimmer. Ich zog meine Standard-Stripteasenummer ab und legte mich dann zu ihm.

Und dann begann das Elend: Das Küssen mit ihm war so ekelhaft, dass mir alles hochkam. Ich konnte nur mit Mühe den Brechreiz im Zaum halten, versuchte beim Küssen durch den Mund zu atmen, weil es noch schlimmer durch die Nase war. Ich glaube, ich bin noch nie so schnell zum Blasen übergegangen wie bei Konrad. Danach leckte er mich und nahm mich dann von vorne. Als er auf mir lag, habe ich den Kopf möglichst unauffällig zur Seite gedreht, womit die ganze Sache erträglich war. Er kam relativ schnell.

Als wir dann noch nebeneinander lagen, legte ich mich auf die rechte Seite des Bettes und hielt Abstand. Wir rauchten beide eine Zigarette.

»Ich bin seit Ewigkeiten Single«, sagte Konrad. »Und ich finde einfach keine Freundin.«

»Kein Wunder«, dachte ich. Sollte ich seinen Mundgeruch anschneiden? Wie würde er reagieren? Vielleicht würde er beleidigt aus der Wohnung stürmen.

»Bist du auch für Escort buchbar?«

»Sicher, kann ich machen.« Meine Antwort kam prompt, obwohl ich gar nicht genau wusste, was Escort war und worauf ich mich da einließ.

»Das ist gut. Dann melde ich mich vielleicht deswegen nochmal.« Er drückte seine Zigarette im Ascher aus und stand auf.

»War schön bei dir«, sagte er. »Ich komme wieder.«

Er wollte mir noch ein Küsschen geben.

»Muss das sein?«, dachte ich, doch jetzt hatte ich die eigentliche Tortur überstanden, da überlebte ich auch noch das Küsschen.

Als Konrad weg war, stellte ich mich erstmal auf die Terrasse und atmete frische Luft. Ich war noch zu schüchtern, traute mich nicht, viele Dinge offen auszusprechen. Wenn ich das getan hätte, wäre mir wahrscheinlich an diesem Tag Einiges erspart geblieben. Vermutlich wäre mir dann aber auch ein Kunde flöten gegangen.

Eine Stunde tat sich gar nichts. Es begann zu regnen und so setzte ich mich mit einem Kaffee vor den Fernseher, ließ mich von dem seichten Programm berieseln. Richtig wohl fühlte ich mich immer noch nicht, es wäre mir lieber gewesen, wenn Brigitte dagewesen wäre. Draußen liefen eine Menge Verrückte herum und es war nur eine Frage der Zeit, bis einer bei mir auftauchte. Sollte ich mir etwas zur Verteidigung kaufen? Pfefferspray? Einen Elektroschocker? Würde ich sie im Ernstfall einsetzen können?

Da klingelte es. Mein Herz schlug schneller, aber ich stand auf und ging zur Tür.

Vor mir stand ein Typ, schmal, untrainiert, etwa dreißig Jahre alt, in Jeans, Hemd und einem Anorak. Die blonden Haare waren schon länger nicht geschnitten, er hielt den Kopf etwas schief und guckte mich von der Seite an. In der rechten Hand hielt er eine Plastiktüte.

Ich bat ihn herein. Er bewegte sich ungelenk, so als wäre ihm körperliche Bewegung ungewohnt. Gleichzeitig war er sehr schüchtern.

»Ich bin Manni«, stellte er sich vor und gab mir die Hand. Der Händedruck war schlaff, die Haut war schuppig.

Wir setzten uns kurz ins Wohnzimmer. Er redete nicht viel, guckte immer merkwürdig zur Seite. Nach zwei Minuten griff er in die Tüte und holte eine Strumpfhose heraus.

»Bitte zieh das an«, sagte er. »Nur das, sonst nichts.«

Dann stand er auf und verschwand im Bad.

Ich schaute mir das Teil näher an. Es war eine richtige Oma-Strumpfhose, aus dickem Stoff und kackbraun. Sie roch muffig. Meine Mutter hatte so etwas noch angezogen.

Nun gut. Ich ging ins Schlafzimmer, zog mich aus und die Strumpfhose an. Dann setzte ich mich aufs Bett.

Im gleichen Moment kam er auch schon ins Zimmer. Er trug jetzt eine Ripp-Unterhose, hatte sich nicht geduscht, nur am Waschbecken etwas frisch gemacht. In der Hand hielt er wieder die Plastiktüte und holte jetzt eine Bluse heraus. Sie war von einem fahlen

Beige und voller kleiner, weißer verblichener Karos.

»Zieh die auch noch an«, sagte er. Ich stand auf und zog die Bluse an. Sie war ziemlich klein, passte mir aber gerade noch.

Also, ehrlich, ich sah schlimm aus, als ich beides anhatte – wie meine eigene Oma.

»Setz dich wieder aufs Bett«, sagte er. Ich setzte mich. Er trat vor mich und berührte mich überall mit seinen Händen.

»Okay«, dachte ich, »wenn es weiter nichts ist.«

»Leg dich aufs Bett«, sagte er dann. Ich legte mich hin und wollte die Bluse aufknöpfen.

»Nein!«, sagte er scharf. »Nicht aufknöpfen! Beweg dich nicht. Bleib einfach so liegen! Hast du das verstanden?«

Ehrlich gesagt, allmählich bekam ich es mit der Angst zu tun. Manni war ziemlich komisch, das stand jetzt fest und ich war völlig allein in dieser Kellerwohnung.

Manni zog seine Unterhose aus. Sein Schwanz stand und er ging jetzt an der Seite des Bettes in die Knie. Er legte seinen Schwanz auf meine Beine und rieb ihn an der Strumpfhose, erst langsam, dann schneller. Die Augen hatte er halb geschlossen. Er wurde immer schneller und begann wie ein Affe ganz kurze, dunkle Laute von sich zu geben:

»U! U! U! U! U!«

Ich lag da wie ein Brett und rührte mich nicht. Die ganze Situation war unheimlich, ich wagte kaum zu atmen, um nur ja nichts falsch zu machen.

»Dreh dich auf den Bauch«, sagte er plötzlich. Ich drehte mich um. Jetzt rieb er seinen Schwanz an meinem Po.

»U! U! U! U! U!«, machte er wieder.

»Setz dich auf die Bettkante.«

Ich drehte mich um, setzte mich auf die Kante.

»Rutsch etwas zurück. Stell deinen Fuß auf den Rand.«

Ich tat wie mir geheißen. Er kniete sich vor mich und begann meinen Fuß abzulutschen. Er leckte wie an einem Eis, steckte ihn in den Mund, nuckelte daran, wieder mit halb geschlossenen Augen. Dann leckte er meine Fußsohle ab, ganz langsam und genießerisch. Er roch an meinem Fuß, rieb ihn an seinem Gesicht. Die gleiche Prozedur wiederholte er mit dem anderen Fuß. Danach stellte er beide Füße auf den Boden und wichste seinen Schwanz darüber. Er kam jedoch nicht, sondern nahm wieder einen Fuß, leckte, roch und nuckelte. Das Ganze ging so eine halbe Stunde.

Schließlich stellte er wieder beide Füße auf den Boden, wichste und spritzte sie komplett voll. Das gesamte Sperma lief über die Füße in den Strumpfhosen.

»Heb deinen Hintern ein wenig an«, sagte er.

»Okay«, sagte ich und er zog mir die Hose ganz vorsichtig aus. Dann knotete er sie zusammen und verschwand damit ohne ein Wort im Bad. Ich zog die Bluse aus, da kam er auch schon angezogen aus dem Bad, nahm die Bluse, sagte nur »Tschüss« und war auch schon aus der Wohnung.

Puh! Das war heavy. Ich hatte zum ersten Mal in meinem Leben einen Fußfetischisten erlebt.

*

Ich machte eine Woche Pause, brauchte etwas Abstand, wollte Normalität, meine Wohnung, meine Tochter, meine Mutter.

Dann, am nächsten Montag, fuhr ich wieder nach H., diesmal wollte ich zwei Tage bleiben.

Es war ungefähr halb zehn, als ich ankam. Ich stieg die Stufen in den Keller hinunter, schloss auf und hörte schon den Fernseher laufen.

»Ist Brigitte wieder hier?«, dachte ich, ging in die Wohnung und schloss die Tür hinter mir. Vorsichtig schaute ich ins Wohnzimmer und sah dort auf dem Sofa eine Frau in einem eng anliegenden silbernen Kleid sitzen. Sie daddelte auf ihrem Handy, trug High Heels, lange, blonde, gelockte Haare und war schwer gestylt. Sie blickte nur kurz auf.

»Hi Baby!«, sagte sie herablassend. »Ich bin Lady Shakira.«

»Ewa«, sagte ich. »Hi.«

Lady Shakira wandte sich ohne ein weiteres Wort wieder ihrem Handy zu. Ich zog meine Jacke aus und setzte mich ihr gegenüber. Es dauerte etwas, bis ich begriff, dass ich keiner Frau, sondern einem Mann gegenübersaß, denn sie wirkte dermaßen weiblich, dass man den Mann kaum erkannte. Sie wirkte sehr durchtrainiert und sexy, musste Ende zwanzig sein und mehrere Schönheits-OPs hinter sich haben, ihre Wangen waren gepolstert, ihre Lippen aufgespritzt. Sie zeigte sich an diesem Tag auch oben ohne und man sah ihre Brüste, die ebenfalls vom Chirurgen gemacht waren. Untenrum sah ich sie nie ohne Höschen, d. h. ich kann nicht sagen, ob sie noch einen Schwanz hatte. Die Haare waren eine Perücke, ihre Wimpern künstlich, sehr lang und dicht. Sie gab ganz die Diva, erschien an diesem Tag in mindestens fünf verschiedenen Outfits – mal in Leggins, mal im Kleid, mal im Minirock. Sie redete praktisch kaum mit mir, machte einen reichlich arroganten Eindruck. Mein Fall war sie ehrlich gesagt nicht, aber wir haben beide ja nur gearbeitet und ich musste keine Freundschaft mit ihr schließen.

An diesem Tag hatte sie sechs Kunden, alles Männer, von denen ich nicht erwartet hätte, dass sie auf Transen stehen: einen jungen Typen, der keine 20 war, drei Anzugträger um die 30, Typ Banker und zwei ältere Männer zwischen 60 und 70. Sie begrüßte sie jeweils, als ob sie die Königin von Saba wäre, verschwand mit ihnen im zweiten Schlafraum und jedes Mal, wenn sie mit den Kunden zugange war, stöhnte sie laut und übertrieben.

Ich musste auch nicht lange auf meinen ersten Kunden warten: Igor war Anfang vierzig, blond, arbeitete auf dem Bau und war dementsprechend durchtrainiert. Igor war jedoch taubstumm. Er konnte Lippenlesen und kaum verständlich radebrechen. Ansonsten verständigten wir uns über Gesten. Igor war nett, lustig und höflich. Er erzählte mir – so gut es ging – dass er schon seit langem Single sei und keine Frau finden würde. Das war wirklich schade, denn er war ein anständiger Kerl.

Von mir wollte er natürlich Sex, es gab nur ein Handicap: Igors Schwanz war unglaublich lang und dünn und hatte vorne eine Spitze wie ein Pfeil. Jeder kann sich vorstellen, wie weh es tat, wenn er in mich hineinstach. Er wollte mir natürlich nicht wehtun, aber das ließ sich leider nicht ganz verhindern.

Etwas erträglicher wurde es aufgrund der Tatsache, dass ich jeden Tag Ibuprofen nahm, damit ich nichts spürte. So war es nicht ganz so schlimm, unangenehm blieb es jedoch.

Igor blieb eine knappe halbe Stunde.

Direkt im Anschluss kam Boris.

Boris war riesig, bestimmt 1,95m, und wirkte

ein bisschen wie Frankenstein. Seine Gliedmaßen waren überdimensional, seine Gesichtszüge grobschlächtig, gleichzeitig war er Jungfrau und sanft wie ein Lamm. Er war Anfang vierzig, wohnte noch bei seinen Eltern und hatte in seinem Leben weder Sex noch eine Freundin gehabt.

Das Besondere an ihm war, dass seine Vorhaut mit seinem Schwanz verwachsen war, d. h. man konnte sie nicht herunterziehen. Ich versuchte es, aber er bat mich sofort aufzuhören, weil ihm das wehtat.

Boris wollte nur ein bisschen im Arm liegen und kuscheln.

Kein Problem, meinte ich und so legten wir uns Arm in Arm ins Bett. Er erzählte von seiner Arbeit in einem Versandlager und von seiner Freizeit, die sehr einsam verlaufe. Damit kam er auch wieder auf die Frauen zu sprechen.

»Ich habe Angst vor Frauen«, sagte er. »Frauen sind unberechenbar, du weißt nie, woran du bei ihnen bist. Mal sind sie freundlich, dann wieder springen sie dir ins Gesicht. Ich traue mich schon gar nicht, irgendwo mal eine anzusprechen. Wenn ich Pech habe, erwische ich sie auf dem falschen Fuß und sie lässt mich abblitzen und als Idiot dastehen. Dann bin ich so erledigt, dass ich mindestens zwei Wochen brauche, bis ich mich wieder einigermaßen normal fühle. Und weil das so ist, lasse ich es gleich ganz.«

»Versuch es doch mal auf einer Singlebörse«, schlug ich vor. »Da bist du anonymer und kannst dich besser verkaufen. Und wenn du eine Abfuhr bekommst, trifft es dich nicht so.«

»Ich bin im Schriftlichen nicht besonders gut«, sagte er. »Das macht gleich einen komischen Eindruck. Und die Abfuhr ist garantiert.«

»Probier es doch mal. Du bist doch wirklich ein ganz Lieber.«

»Vielleicht ...«, meinte er, aber es klang nicht besonders überzeugt.

Wir unterhielten uns etwa eine halbe Stunde. Sexuell lief zwischen uns nichts, bis auf die fünf Minuten, die ich seinen Schwanz begutachtete. Als er ging, war er jedoch total glücklich, weil er mir so nahe gewesen war.

Ich war auch zufrieden, dass ich ihm ein wenig hatte helfen können. Wenn er dafür noch Geld bezahlte, umso besser.

Danach tat sich lange Zeit nichts. Ich hatte mir ein paar Illustrierte mitgebracht und blätterte sie durch, trank Kaffee, rauchte.

Lady Shakira war mit ihren Kunden zugange oder hing auch auf dem Sofa ab. Es wäre schön gewesen, wenn wir uns ein wenig unterhalten hätten, aber wir lagen einfach nicht auf einer Wellenlänge.

Endlich, gegen fünf Uhr am Nachmittag, klingelte es wieder und es erschien Gerhard.

Gerhard war um die siebzig, hatte kaum noch Haare auf dem Kopf und sah aus wie achtzig. Sein Gesicht war ganz grau, er war schlecht rasiert und ziemlich dick. Gerhard verschwand sofort im Schlafzimmer, zog sich komplett aus und legte sich aufs Bett. Sein Intimbereich war unglaublich behaart, er hatte einen richtigen Urwald zwischen den Beinen.

»Du musst dir aber erstmal deinen Schwanz waschen«, sagte ich zu ihm.

»Nö«, meinte er, »ich habe mich schon zu Hause gewaschen.«

»Nichts da«, sagte ich. »Bevor du dich nicht wäschst, läuft hier nichts.«

Gerhard zog eine Fleppe, verschwand aber im Bad. Dann kam er wieder und legte sich erneut aufs Bett. Ich legte mich neben ihn und wir küssten uns ein wenig, nur davon verstand er leider überhaupt nichts.

»Ich habe übrigens einen Herzschrittmacher«, teilte er mir nach einigen Minuten mit.

»Oh Gott«, dachte ich. »Hoffentlich nippelt er mir hier nicht ab.« Ich beschloss, ihn möglichst vorsichtig zu behandeln.

Danach wollte ich seinen Schwanz nehmen, nur – ich fand nichts. Da war einfach nichts. Schließlich, nach langem Suchen, entdeckte ich etwas. Es war aber mehr ein Kitzler als ein Schwanz, so unglaublich winzig war er. Dazu war er vor lauter Geilheit ganz glitschig.

Was sollte ich jetzt machen? Blasen konnte ich ihn nicht, wichsen auch nicht, ficken war auch nicht möglich.

»Ich will dich lecken«, sagte Gerhard.

Gott sei Dank. Damit war ich aus der Zwickmühle raus.

Gerhard verschwand zwischen meinen Beinen. Ehrlich gesagt, besonders schön war es nicht, aber während er mich leckte, kam er ganz unvermittelt und wir waren fertig.

Gerhard war als Mensch nett gewesen, nur als Mann war er überhaupt nichts für mich.

Den ganzen Abend über tat sich überhaupt nichts. Ich hoffte immer noch, dass jemand kam, aber es blieb ruhig.

Gegen elf machte ich mich bettfertig, legte mich schlafen. Ich schlief die ganze Nacht ruhig durch und wachte am nächsten Morgen gegen sieben auf. Immer noch etwas verschlafen stand ich auf, ging ins Bad, machte Morgentoilette, dann einen Kaffee.

Aus Lady Shakiras Zimmer war nichts zu hören. Schließlich lugte ich vorsichtig hinein. Das Bett war leer. Sie war in der Nacht verschwunden, hatte alle ihre Sachen mitgenommen.

»Okay«, dachte ich, »sie hätte sich auch verabschieden können.«

Gegen halb neun kam Conny. Als ich ihm mitteilte, dass Lady Shakira verschwunden war, rastete er vollkommen aus.

»Diese Fotze!«, schrie er. »Die hat ihre Miete nicht bezahlt! Dieses Miststück!«

Er kriegte sich überhaupt nicht wieder ein, schrie und schimpfte herum. Ich stand da und musste mir das Gezeter anhören. Dass er um die Miete geprellt wurde, war Conny anscheinend schon öfter passiert.

»Das war das letzte Mal«, sagte er schließlich. »Ab jetzt kassiere ich nur noch im Voraus.«

Nachdem er mir seine Scheinchen abgenommen hatte, verschwand er wieder.

Als ich wieder allein war, frühstückte ich eine Kleinigkeit. Kaum hatte ich den letzten Bissen heruntergeschluckt, klingelte es auch schon an der Tür. Ich schaute auf die Uhr: kurz nach Neun.

»Das geht ja früh los heute«, dachte ich, wischte mir den Mund ab und ging zur Tür.

Als ich öffnete, stand dort ein Mann Anfang vierzig, der unglaublich dünn war, richtig knochig. Er trug Jeans, Hemd und Lederjacke und hielt in der rechten Hand eine Plastiktüte.

»Oh«, dachte ich, »Plastiktüte. Da kann ich mich ja auf Einiges gefasst machen.«

Und so war es auch.

»Ich bin Helge«, stellte er sich direkt vor.

Kaum saßen wir uns im Wohnzimmer gegenüber, holte Helge aus der Tüte ein Paar Gummistiefel.

»Ich möchte, dass du die anziehst«, sagte er.

»Ich ziehe keine alten Gummistiefel an«, sagte ich genervt.

»Nein, nein«, meinte er. »Das sind keine alten Gummistiefel, die sind brandneu. Hier, da ist noch das Preisschild dran. Ich stehe drauf, wenn du nackt mit den Stiefeln durchs Zimmer läufst.«

Hmm. Nackt mit Gummistiefeln durchs Zimmer laufen. Sollte das alles sein? Oder kamen da noch irgendwelche perversen Sachen hinterher?

»Okay«, sagte ich vorsichtig. »Wenn das alles ist, kann ich das machen.«

Helge war hochzufrieden. Er verschwand im Bad und ich ging ins Schlafzimmer, um mich aus- und die Gummistiefel anzuziehen. Als ich mich selbst im Spiegel sah, musste ich fast anfangen zu lachen: Ich nackt in Gummistiefeln, das war wirklich abgefahren. Als er wiederkam, zog er seine Shorts aus, legte sich aufs Bett und sah mich herausfordernd an.

»Okay«, sagte er, »jetzt kannst du losgehen.«

Ich fing also tapfer an, loszumarschieren. Kaum hatte ich ein paar Schritte getan, kam von Helge auch schon eine Anweisung.

»Mehr schlurfen!«, sagte er. »So, dass die Stiefel noch den Boden berühren.«

Ich schlurfte also wie ein Bauernmädchen hin und her – schlurf, schlurf, schlurf, immer hin und her.

Helge begann sich selbst zu wichsen, sah mir vergnügt zu und stellte mir währenddessen ein paar Fragen. Woher ich komme, was ich vorher gemacht habe, wie lange ich diesen Job schon machte usw.

Ich gab ihm brav Antworten, bis ich mir dachte: »Jetzt stellst du ihm auch mal ein paar Fragen.«

»Und du?«, meinte ich, »was machst du denn so beruflich?«

»Ich?«, antwortete er. »Ich komme gerade aus dem Gefängnis.«

Mir fiel die Kinnlade herunter.

»Verstehe«, sagte ich nur. Es war das erste Mal, dass ich einen Knasti als Kunden hatte und mir wurde in Verbindung mit den Gummistiefeln schon mulmig zumute. Ich fragte nicht, warum er im Knast gewesen war, weil ich wieder allein in der Kellerwohnung war und ich es ehrlich gesagt gar nicht so genau wissen wollte. Was, wenn er ein Mörder oder Vergewaltiger war?

»Weißt du was?«, meinte er dann, »ich habe

hier noch einen Regenmantel. Ich möchte, dass du den auch noch anziehst.«

Er griff neben sich und holte einen gelben Regenmantel aus seiner Tüte. Am Kragen war eine lange Schnur befestigt.

»Nein!«, sagte ich sofort. »Das ziehe ich nicht an.«

»Warum denn nicht?«, meinte er. »Das ist doch nur ein Regenmantel.«

»Die Gummistiefel ja, aber nicht die Jacke«, sagte ich entschieden. Die Schnur war mir einfach zu unheimlich.

Helge war enttäuscht.

»Willst du wirklich nicht?«, fragte er. »Ist doch nichts dabei.«

Ich blieb hart. Helge musste das akzeptieren. Gott sei Dank kam er auch drei Minuten später und ich war froh, als er im Bad verschwand. Kurz darauf tauchte er wieder auf und gab mir noch seine Nummer.

»Hier«, meinte er, »für alle Fälle.«

»Hmm«, machte ich, »danke.«

Als er die Tür hinter sich geschlossen hatte, speicherte ich ihn sofort ab als Kunden, den ich nicht nochmal bedienen wollte.

An diesem Tag kam nur noch ein pickeliger

Jüngling namens Peter vorbei, der reichlich notgeil war. Er war ziemlich adrett gekleidet und hatte einen bleistiftkurzen Haarschnitt. Er hatte aber ein Problem.

»Ich muss mir selber einen runterholen«, sagte er zu mir. »Ich kriege keinen mehr hoch, weil ich so viel wichse.«

Mir sollte es recht sein. Er fasste mich nur ein wenig an und kam dann auch schon nach fünf Minuten.

So ging auch dieser Tag zu Ende und ich fuhr mal wieder mit einer Menge Tränen nach Hause.

*

In meinem Umfeld wusste praktisch niemand von meinem neuen Job. Es war am nächsten Wochenende, als ich mich samstags vormittags mit meiner besten Freundin Nina traf. Das Café war gut besucht, Hausfrauen, Familien, junge Paare saßen an den Tischen, unterhielten sich. Sie alle lebten ihr normales Leben. Ob unter ihnen jemand war, der Kontakte ins Rotlichtmilieu hatte? Nina war richtig aufgeräumt, als sie sich zu mir an den Tisch setzte. Sie war in einer neuen Beziehung und sehr glücklich. Ihr Freund war Versicherungsmakler und schien ein ruhiger, solider Zeitgenosse zu sein. Sie war schwer verliebt und erzählte mir von den schönen Dingen, die sie mit ihm erlebte.

Und ich? Ich traute mich einfach nicht, ihr von meiner neuen Arbeit zu erzählen. Sie wäre aus allen Wolken gefallen, vielleicht würde sie sogar die Freundschaft mit mir beenden. Wenn sie wüsste, wie ich meine Tage zubrachte... Schweigsam trank ich meinen Cappuccino, erzählte nicht besonders viel. Ihr schien nichts aufzufallen und nach anderthalb Stunden trennten wir uns.

Meine Tochter war an diesem Wochenende bei einer Freundin. Ich putzte lustlos die Wohnung, aß eine Kleinigkeit zu Mittag und legte mich dann etwas hin. Um halb vier war ich mit Alexa verabredet. Sie war die Einzige, die wusste, dass ich als Prostituierte arbeitete. Wir hatten uns in einer Kneipe verabredet und ich suchte mir extra einen Tisch in einer Ecke, wo wir etwas ungestörter waren.

Alexa wollte natürlich genau wissen, wie meine ersten Arbeitstage gelaufen waren. Ich erzählte von all den Freiern, von Albert, David und Paul, selbst von dem brutalen Ludger und Konrad mit dem bestialischen Mundgeruch.

Alexa war sprachlos. Während ich erzählte, schüttelte sie immer wieder den Kopf. Als ich geendet hatte, sagte sie erst einmal gar nichts. Dann fand sie ihre Sprache wieder.

»Wie kannst du diese Typen nur alle aushalten?«, fragte sie dann. »Das ist ja zum Teil richtig kriminell. Ich würde schon nach dem ersten Kerl laufen gehen.«

Bedrückt blickte ich in mein Glas.

»Es ist schon heftig«, gab ich dann zu. »Aber es gibt keinen Job, wo ich so viel Geld verdienen kann. Und manche sind ja auch wirklich nett. Boris zum Beispiel wollte sich ja nur unterhalten.«

»Aber so ein Typ wie Helge«, sagte Alexa, »der kann doch richtig gefährlich werden.«

»Das Risiko muss ich eben eingehen. Ich kann auch von einem Laster überfahren werden.«

Alexa schwieg.

»Was denkst du jetzt?«, fragte ich. »Verachtest du mich?«

Sie schüttelte den Kopf.

»Nein«, sagte sie. »Du bist meine Freundin und das bleibst du auch. Und ich kann gut verstehen, dass du an Geld kommen musst. Ich finde es sogar bewundernswert, was du auf dich nimmst. Nur ich könnte das nicht.«

»Danke«, sagte ich. Dass sie trotzdem zu mir hielt, tat mir gut. Doch als wir uns verabschiedeten, war die Stimmung durchwachsen. Ich fühlte mich schlecht, als ich in meine Wohnung zurückkehrte. Den Rest des Wochenendes wusste ich nicht viel mit mir anzufangen. Ich ruhte mich einfach nur aus und ging einmal kurz spazieren. Am späten Sonntagnachmittag kam Janine von ihrer Freundin zurück. Ich riss mich zusammen, um keine schlechte Stimmung zu verbreiten, erkundigte mich nach ihrem Wochenende und kochte uns etwas Schönes. Auch Janine schien an mir nichts aufzufallen, wofür ich Gott dankte, denn es wäre das Schlimmste gewesen, wenn meine Tochter Verdacht geschöpft hätte oder sogar hinter mein Geheimnis gekommen wäre.

Ich ging relativ früh ins Bett, weil es am nächsten Morgen wieder weitergehen sollte.

*

Als ich am Montag gegen neun die Wohnung in H. aufschloss, befand sich schon wieder eine Frau im Wohnzimmer.

»Hi«, sagte sie und gab mir die Hand. »Ich bin Emilia.«

Sie war 25, hatte kurze, schwarze Haare, stechend blaue Augen und stammte aus Russland. Unsere Figuren waren gleich, sie war bildhübsch und wir verstanden uns auf Anhieb. Sie erzählte mir, dass sie den Job schon seit sieben Jahren machte. Sie wusste einfach alles: auf was die Typen stehen, wo ich Anzeigen schalten sollte, wo ich gute Klamotten und Schuhe herbekam, wie ich das am besten mit einem Steuerberater machte, welche Städte gut sind, welche Häuser gut laufen, wie ich die Männer verrückt machen konnte.

Sie war durch und durch ein Profi. Ich hörte gespannt zu und von den Tipps, die sie mir gab, zehre ich noch heute.

Sie merkte schnell, dass ich noch viel zu schüchtern war.

»Du musst selbstbewusster auftreten«, sagte sie. »Du musst eine gewisse Dominanz an den Tag legen und zeigen, wer der Chef im Ring ist. Und du musst dir ein neues Handy zulegen. Du musst werben. So bekommst du richtig viele Kunden. Du darfst nur den Kunden nie deine private Nummer geben.«

Sie selbst hatte 10-12 Gäste an diesem Tag. Es ging bei ihr zu wie in einem Taubenschlag. Ich selbst hatte an diesem Tag nur zwei und die waren eigentlich wegen Emilia gekommen. Nur weil sie gerade besetzt war, übernahm ich sie.

Am Abend saßen wir zusammen auf der Couch und tranken noch einen Tee.

»Ich bin am Freitag auf einer Party gebucht«, meinte Emilia plötzlich. »Irgend ein reicher Typ macht eine Riesensause. Da gibt es gutes Geld zu verdienen. Ich kann fragen, ob du auch mitkommen kannst. Hast du Lust?«

Ich hatte keine Ahnung, was dort auf mich zukommen würde, aber ich wollte Geld verdienen.

»Okay«, sagte ich. »Ich bin dabei.«

Emilia blieb die ganze Woche in der Wohnung. Ich bat meine Mutter unter einem Vorwand, die Woche über auf Janine aufzupassen, damit ich ständig in H. sein und von Emilia lernen konnte. Dienstagmorgen fuhr ich wieder hin, mit genügend Sachen, um die ganze Woche dortzubleiben.

»Du bist jetzt auch für die Party gebucht«, begrüßte Emilia mich. »Es sind ungefähr 15 Escort-Frauen dort.«

»15 Frauen«, dachte ich, »was wird das denn für eine Veranstaltung?« In meiner Naivität hatte ich überhaupt nicht gefragt, was ich für meinen Einsatz kriegen würde, aber die Blöße wollte ich mir jetzt nicht mehr geben.

Der Dienstag lief wie der Montag. Emilia hatte Kunden am laufenden Band, ich selbst war wieder für zwei Kunden, die eigentlich zu Emilia wollten, der Notfick. Ich konnte sie jedoch verstehen. Emilia war wirklich eine Augenweide und dazu 10 Jahre jünger als ich. Die Woche ging vorüber und es kam der besagte Freitag. Es sollte auf die Party gehen.

Emilia schaute mich an und fragte: »Was hast du denn anzuziehen?«

»Das, was ich anhabe«, antwortete ich. »Die Bluse, den Rock und die schwarzen Pumps.«

»Und sonst nichts?«

»Nein«, sagte ich, »ich arbeite immer so und um mir etwas Neues zu kaufen, habe ich kein Geld.«

Emilia schaute mich ganz komisch an und verschwand in ihrem Zimmer. Ich blieb im

Wohnzimmer, trank meinen Kaffee und rauchte eine Zigarette. Nach etwa 15 Minuten kam Emilia mit einer Tüte voller Sachen wieder.

»Das sind alte Sachen, die ich nicht mehr brauche«, meinte sie. »Du hast ungefähr meine Figur. Probier die Klamotten an.«

Ich veranstaltete eine Modenschau. Die Sachen waren sehr knapp, zugleich aber auch sehr sexy. Ich zog ein Teil nach dem anderen an, bis Emilia auf einmal sagte: »Das ist es! Das ziehst du heute Abend an!«

Ich trug ein rotes Bandeau-Mini-Kleid mit sexy Glitzersteinen. Es stand mir wirklich gut.

»Das bringt deinen schönen Hals und dein Dekolleté super zur Geltung«, sagte Emilia. »Warte, ich habe auch noch Schuhe für dich.«

Sie verschwand nochmal und kam kurz darauf mit ebenfalls roten Hammer-High-Heels zurück. Da sie zufälligerweise die gleiche Schuhgröße hatte wie ich, passten mir die Schuhe.

»Komm, ich mach dir noch die Haare«, sagte Emilia und frisierte mir einen Pferdeschwanz. Dann schminkte sie mich und bestäubte mir Hals und Dekolleté mit Glitzerpuder. Als ich mich im Spiegel betrachtete, war ich begeistert. Ich sah super aus und fühlte mich zum ersten Mal in meinem Leben sexy. Ich hatte keine Ahnung gehabt, was man mit dem richtigen Outfit aus sich machen konnte.

Um 20:00 Uhr sollten wir abgeholt werden. Zur Einstimmung tranken wir noch einen Sekt. Dann klingelte es. Als wir vor das Haus traten, wartete dort eine nachtschwarze Mercedes-S-Klasse auf uns. Der Chauffeur gab uns jeder einen Umschlag, bevor er losfuhr. Wie Emilia auch steckte ich ihn in meine Handtasche, ohne ihn zu öffnen.

Wir fuhren etwa 50 Minuten durch die Nacht. Der Fahrer fuhr sehr ruhig und sicher und die Limousine glitt wie auf Schienen durch die Nacht.

Schließlich kamen wir zu einem weißen Bungalow hinter einer grünen Hecke. An der Einfahrt ging ein elektrisches Tor auf und wir rollten auf das Gelände.

»Hier soll ein Reicher wohnen?«, dachte ich. Es sah alles so normal, so bürgerlich aus.

Der Wagen hielt vor dem Haus.

Der Chauffeur kam sofort zum Fond und

öffnete unsere Tür. Wir stiegen aus. Die Eingangstür war sperrangelweit offen und man hörte aus dem Inneren lautes Stimmengewirr. Als wir eintraten, war ich überwältigt. Im Wohnzimmer und Garten müssen um die 150 Personen gewesen sein. Das Wohnzimmer war allein bestimmt 100 qm groß und in der Mitte stand eine XXXXL-Sofalandschaft aus weißem Leder. Laute Musik lief und alles redete und lachte durcheinander. Die Einrichtung war der pure Luxus, alles war edel und teuer, überall hingen Gemälde und standen schwere Statuen und Vasen. Im Raum und im Garten befanden sich Stehtische, auf denen große Kübel mit Eis und Champagnerflaschen standen.

Ein halbes Dutzend Mädchen bedienten im Hausmädchendress, aber oben ohne. Eine von ihnen kam auf uns zu und fragte uns, welche Champagnersorte wir trinken wollten. Ich wählte die erste beste, die sie uns nannte und dann gingen wir mit unseren Gläsern auf den Gastgeber zu. Er mochte Mitte fünfzig sein, sah gut aus und war sehr nett und lustig. Er war braungebrannt, sah entspannt und gepflegt aus. Wir stellten uns beide vor, plauderten ein wenig, dann wünschte er uns einen schönen Abend. Daraufhin gingen wir durchs Haus und ich war überwältigt von der Anzahl und Größe der Räume. Das Haus ließ von außen längst nicht so viele Zimmer vermuten. Alle waren zugänglich, nur ein Raum im Obergeschoss, vermutlich das Büro, war abgesperrt. Es gab mehrere Badezimmer, eines hatte einen riesengroßen Whirlpool, in dem sechs Gäste saßen und sich amüsierten.

Es waren etwa doppelt so viele Männer wie Frauen anwesend, etwa fünfzehn von ihnen waren Escort-Damen. Alle waren unglaublich jung und hübsch und ich war bestimmt die älteste und hässlichste. Dementsprechend unsicher war ich auch, doch Emilia baute mich immer sofort auf, wenn sie sah, dass ich mich unwohl fühlte. Sie lachte viel und unterhielt sich prächtig. Als das erste Glas Champagner leer war, sagte sie sofort: »Komm, wir trinken noch eins.«

Es blieb nicht bei einem zweiten Glas, der Abend wurde der reinste Hammer. Wir lachten, redeten, tranken und rauchten, dann tanzten wir und stiegen in den Pool, der bestimmt zwanzig Meter lang war. Das Buffet war sowieso der reinste Luxus: Hummer, Kaviar, Austern, Lachs, beste Spezialitäten und teure Weine.

Es wurde natürlich auch gefickt, aber mich wollte niemand, kein Wunder, bei den Traumfrauen um mich herum. Ich war nicht böse darum, denn ich hatte einfach nur meinen Spaß. Ich vergaß völlig die Zeit und die Stunden vergingen wie im Flug.

Gegen halb drei stand der Chauffeur für uns bereit und brachte uns nach Hause in unsere Kellerbutze.

Wir verschwanden in unseren Zimmern und ich konnte erst nicht einschlafen, so voll war ich noch von den Eindrücken. Es war der beste Abend meines Lebens gewesen und ich war absolut begeistert. Erst am nächsten Morgen dachte ich daran, in den Umschlag zu gucken und was ich sah, haute mich um: 1500,- Euro nur für trinken, tanzen und Spaß haben. Ich dankte Gott für diesen Abend, denn das war der bisher beste Deal meines Lebens gewesen.

Ich duschte mich ausgiebig und ging danach in die Küche, um mir einen Kaffee zu kochen. Noch während er durch die Maschine lief, tauchte Emilia im Slip und mit langem T-Shirt in der Küche auf. Sie lächelte mich an.

»Na, wie geht's dir?«, fragte sie mich. »Gut geschlafen?«

»Ich habe super geschlafen, danke«, antwortete ich. »Und ich bin dir so dankbar. 1500,- Euro, das ist der absolute Wahnsinn. Hast du gewusst, was wir kriegen?«

»Natürlich«, antwortete Emilia. »Ich habe den Deal ja ausgehandelt.«

Ich umarmte sie.

»Das hast noch niemand für mich getan«, sagte ich. »Du bist ein Schatz.«

»Wie wäre es, wenn wir dann zur Feier des Tages frühstücken gehen?«, fragte Emilia.

»Gerne«, sagte ich. »Aber nur unter einer Bedingung: Wenn ich dich einladen darf.«

»Bin ich völlig mit einverstanden«, sagte Emilia.

Sie sprang auch noch unter die Dusche, dann zogen wir uns beide an und fuhren mit meinem Wagen in die City. Wir fanden ein schönes Café in der Fußgängerzone, in dem wir uns ans Fenster setzten und für beide ein großes Frühstück bestellten. Ich war an diesem Tag so glücklich, weil das Schicksal einmal gut zu mir gewesen war.

»Weißt du, was wir gleich noch machen?«, sagte Emilia. »Wir gehen in einen Telefonshop und kaufen dir ein richtig tolles Handy. Das richte ich dir ein und speichere die Adressen von den guten Häusern ab. Dann bist du fit, um anständig arbeiten zu können.«

»Du weißt nicht, was das für mich bedeutet«, sagte ich. »Ich bin dir wirklich unendlich dankbar.«

»Du hast das verdient«, sagte Emilia, »und ich tue es gerne für dich.«

Wir frühstückten noch zu Ende und dann gingen wir in den nächsten Handyshop. Wir suchten mir ein klasse Teil aus und Emilia verbrachte eine knappe Stunde in einem Café, um mir alles einzurichten und zu erklären. Ich umarmte sie noch einmal und sagte dann: »Wenn du nichts dagegen hast, fahre ich gleich nach Hause. Dann kann ich meiner Mutter Geld geben und für uns einkaufen. Sonntagabend bin ich wieder da.«

»Kein Thema«, sagte Emilia. »Gut, dass du dich um deine Familie kümmerst.«

Als wir kurz darauf wieder in der Wohnung

waren, packte ich meine Sachen zusammen, verabschiedete mich von Emilia und machte mich auf die Autobahn.

In meiner Heimatstadt kaufte ich zuerst groß im Supermarkt ein und kam schließlich mit zwei vollen Tüten zu Hause an. Janine und meine Mutter warteten schon auf mich und ich war unendlich erleichtert, nicht mit leeren Händen kommen zu müssen. Meiner Mutter gab ich Geld und konnte auch eine dringende Überweisung erledigen. Wenn meine Mutter etwas von meinem Job ahnte, ließ sie sich zumindest nichts anmerken. Wir aßen zu Abend, danach ruhte ich mich aus. Es war schön, genug Geld zur Verfügung zu haben und von keinem Amt oder sonst jemandem abhängig zu sein.

Sonntagmorgen machte ich Haushalt. Danach gingen wir zu dritt spazieren und aßen in einem Restaurant. Am frühen Nachmittag fuhr ich wieder nach H.

Dort war Emilia schon auf dem Sprung, sie wollte nach N. fahren.

»Du solltest auch dorthin kommen«, sagte sie. »Ich arbeite in einer Super Location, da kannst du eine Menge Geld verdienen.«

»Ich überlege es mir«, sagte ich. Emilia hatte mir schon so sehr geholfen, dass ich ihr auch für diesen Tipp dankbar war. Zehn Minuten später war sie verschwunden und ich war allein in der Wohnung.

Es war an diesem Abend nicht mehr viel zu tun. Ich machte mir einen Tee, ruhte mich aus. Gegen sechs kam der schüchterne Boris vorbei. Er wollte auch diesmal wieder keinen Sex, nur ein bisschen kuscheln, in den Arm genommen werden und sich unterhalten. Eine dreiviertel Stunde später war er verschwunden und ich verbrachte den restlichen Abend vor dem Fernseher. Gegen zehn Uhr machte ich mich bettfertig und legte mich in die Federn. Ich hatte schon das Licht ausgemacht, als es plötzlich klingelte. Ich stand fast senkrecht im Bett, denn das Klingeln hörte nicht auf. Es wurde Sturm geklingelt, wieder und wieder. Dann wurde gegen die Tür gehämmert. Ich hatte furchtbare Angst.

»Das ist ein Irrer!«, dachte ich. »Der bringt dich um.«

Dann hörte das Klingeln auf, doch eine Minute später wurde gegen die Jalousien geballert. Mein Herz schlug mir bis zum Hals. Mit zitternden Fingern wählte ich Connys Nummer. Der meldete sich ziemlich missmutig.

»Hier ist ein Verrückter«, sagte ich direkt als Erstes und berichtete.

»Na, dann ruf doch die Polizei«, war sein ganzer Kommentar.

»Nein«, sagte ich, »ich fahre nach Hause, wenn der gleich weg ist. Das ist ja der pure Horror.«

»Du musst nicht nach Hause fahren«, sagte Conny. »Das passiert schon mal, dass hier einer ausrastet. Ich komme gleich zu dir rüber.«

Damit war das Gespräch beendet. Voller Angst saß ich im Dunkeln. Die Pausen zwischen den Schlägen auf die Jalousien wurden größer. Irgendwann hörte es auf. Stille. Ich lauschte in die Nacht. Nichts war mehr zu hören. Der Spuk schien vorüber.

Kurz darauf kam Conny tatsächlich vorbei. Ich war völlig aufgelöst.

»Beruhig dich«, sagte er. »Es gibt so ein paar Spinner, die sind aber harmlos. Da passiert dir schon nichts.«

»Der hörte sich aber ganz und gar nicht harmlos an«, entgegnete ich. »Hier in dieser

Wohnung war's das für mich. Ich bleibe keine Minute mehr hier.«

»Dann habe ich noch eine andere Wohnung für dich. Da bist du geschützt.«

Er zog einen Schlüssel aus der Tasche und beschrieb mir den Weg. Die Wohnung lag in einem Industriegebiet.

»Und da ist es wirklich sicher?«, fragte ich.

»100%ig«, beruhigte er mich. »Da kann dir nichts passieren.«

Skeptisch nahm ich den Schlüssel. Wir verließen die Wohnung. Ich stieg in mein Auto und machte, dass ich wegkam.

Nach etwa 10 Minuten erreichte ich die andere Unterkunft. Es war ein langgestrecktes, dunkles Gebäude, das vom Mond matt erhellt wurde. Ich stieg aus, ging zur Tür und schloss auf. Im Inneren erstreckte sich ein endlos langer Flur, an dem zahllose Mini-Räume lagen. Am Ende des Flurs gab es ein kleines Bad und eine kleine Küche und das war's. Das Ganze wirkte wie aus einem Stephen-King-Roman. Es fehlte nur noch, dass im nächsten Moment ein Killer mit einem Schlachtermesser auftauchte. Ich versuchte noch einmal, Conny zu erreichen, doch der ging nicht mehr dran.

Daraufhin schloss ich die Tür von außen ab, warf den Schlüssel in den Briefkasten, schrieb Conny eine SMS, setzte mich in mein Auto und fuhr die ganze Strecke durch die Nacht bis zu mir nach Hause.

Was für ein Horror-Abend!

*

Am nächsten Morgen rief ich Alexa an und fragte, ob ich auf einen Kaffee vorbeikommen könnte. Kurz darauf saß ich bei ihr, erzählte ihr von den Ereignissen des gestrigen Abends und dass ich jetzt ohne Einnahmen dastünde, denn nach H. würde ich nicht mehr zurückfahren.

»Dann geh doch in ein Hotel«, sagte sie. »Du schaltest Werbung in einer Zeitung und dann kommen die Kunden zu dir aufs Zimmer.«

»So ein Hotel muss ich erstmal finden«, sagte ich. »Wer nimmt denn schon eine Prostituierte.«

»Dann musst du eben ein bisschen suchen«, sagte Alexa. »Da findet sich schon was.«

Okay, ich klapperte noch am selben Vormittag mehrere Hotels ab. Die ersten beiden gaben mir direkt eine Absage. Dann fuhr ich zu einem dritten, das abgelegen an einem Waldrand lag und von Frauen geführt wurde. Ich stellte mich vor, erzählte, dass ich Prostituierte sei, keine Bleibe habe und für zwei Tage in der Woche ein Zimmer zum Arbeiten suchen würde. Die Frau, Mitte fünfzig, mit gelockten, grauen Haaren, schaute mich an, überlegte und sagte dann: »Okay, das können wir machen. Das Zimmer kostet 50,- Euro am Tag.«

Das war die Hälfte von dem, was Conny von mir verlangt hatte! Das Zimmer war nicht sehr groß, aber sauber und eine Kanne Kaffee bekam ich noch obendrein.

Direkt danach fuhr ich zu einer Zeitung und gab eine Anzeige auf. Von nun an fuhr ich immer Dienstags und Freitags in das Hotel und hatte ungefähr ein bis zwei Gäste am Tag. Es war okay so und ich fühlte mich auch sicher, weil ich in dem Hotel nie allein war. Die Gäste selbst waren unspektakulär, alles lief in ruhigen Bahnen ab.

Eines Morgens rief mich Alexa an. Sie schluchzte und weinte und schien völlig fertig mit den Nerven.

»Ich weiß nicht, was ich machen soll«, sagte

sie. »Ich habe eine Riesennachzahlung von den Stadtwerken und absolut kein Geld mehr auf dem Konto. Ich bin völlig blank. Kann ich nicht mal einen Tag zu dir kommen und bei dir arbeiten?«

Ich machte eine kurze Pause.

»Natürlich kannst du zu mir kommen«, sagte ich. »Aber ich garantiere dir: Wenn du einmal mit dem Job anfängst, willst du nicht mehr aufhören.«

»Nein, nein!«, beteuerte Alexa, »ich mache das nur, bis ich das Geld für die Stadtwerke beisammen habe. Dann ist sofort Schluss.«

»Okay«, meinte ich, »dann komm mit.«

Am nächsten Dienstag nahm ich sie mit ins Hotel. Wir saßen im Zimmer, tranken Kaffee und ich erklärte ihr einige Dinge, die sie wissen musste. Nach einer Stunde erschien Gerhard mit dem Herzschrittmacher und dem Mini-Kitzler-Schwanz.

Ich stellte Alexa vor und Gerhard war begeistert von ihr, weil sie so jung und bildhübsch war.

»Ich will dich«, sagte er. Alexa war total aufgeregt, da er ihr erster Freier war und fragte mich, ob ich ihr denn helfen könnte.

»Kann ich machen«, sagte ich. Wir zogen uns aus und ich sah an Alexas Gesicht, was sie von Gerhards Urwaldbehaarung hielt. Noch entsetzter schaute sie, als sie nach seinem Schwanz suchte und ihn nicht finden konnte. Ich musste mir das Lachen verkneifen und wir bearbeiteten Gerhard eine Weile. Dann wollte er sie lecken, wie er es bei mir auch immer tat.

»Mach das«, sagte ich, »aber ich verschwinde solange im Bad.« Ich wollte mir das Ganze nicht angucken. Als sie fertig waren, kam ich wieder ins Zimmer, wir tranken noch einen Kaffee. Dann verschwand Gerhard, und Alexa sagte direkt: »Was war das denn? So ein Mini-Ding habe ich ja in meinem Leben noch nicht gesehen.«

»Tja«, meinte ich, »der liebe Gerhard hat einfach Pech gehabt.«

Ich ging noch unter die Dusche, machte mich ein wenig zurecht und dann warteten wir wieder. Es war eine knappe halbe Stunde nichts los und dann erschien – der brutale Ludger. Das passte natürlich wie die Faust aufs Auge, denn für Alexa war das für den ersten Tag echt heavy. Wie Gerhard war er sofort scharf auf Alexa.

»Sorry, Ludger«, sagte ich, »aber wenn du sie willst, musst du mich auch bezahlen. Ich kann nicht alle meine Gäste an sie abgeben und selber leer ausgehen.«

»Okay, Babiiee«, sagte Ludger sofort, »kein Problem. Ich bezahle euch beide und dann besorge ich es auch euch beiden.«

Okay, er zückte die Scheinchen und dann ging wieder die Tour los, die ich schon von ihm kannte. Die arme Alexa tat mir echt leid. Er nahm sie genauso brutal wie mich, steckte uns seinen Schwanz bis zum Anschlag in den Mund und rammelte uns durch wie eine Maschine. Alexa war hinterher fix und fertig. Ludger war mal wieder bester Laune, denn er hatte einmal mehr bewiesen, was für ein Super-Hengst er war. Kaum hatte er die Tür hinter sich geschlossen, brach Alexa in Tränen aus.

»Das war ja fürchterlich«, sagte sie schluchzend. »Ich habe nur Schmerzen. Wie hältst du das nur aus?«

»Ich nehme Ibuprofen«, sagte ich. »Ich finde es genauso ekelhaft, aber solche Typen gibt es nun mal. Das gehört mit zum Job.«

»Ich weiß nicht, ob ich das machen kann«,

sagte Alexa und wischte sich die Tränen aus dem Gesicht. »So etwas Brutales halte ich nicht aus.«

»Du kannst ja schauen, ob du nochmal mitkommen willst«, sagte ich beruhigend. »Wir fahren jetzt erstmal nach Hause und du ruhst dich aus.«

Für diesen Tag war damit Schluss und wir machten uns auf den Heimweg. Ich setzte sie ab und gab ihr noch einen Kuss auf die Wange.

»Der Job ist nicht einfach«, sagte ich zu ihr. »Leg dich hin und wir telefonieren.«

Donnerstagabend rief ich Alexa an und fragte sie, ob sie am nächsten Tag mitkommen wollte.

»Ich bin nicht mit dabei«, sagte sie. »Ich habe immer noch Schmerzen.«

»Okay«, sagte ich, »dann fahre ich alleine.«

Am Tag darauf lief es ziemlich gut. Es kamen insgesamt vier Gäste, darunter auch der schüchterne Boris. Er tauchte unglaublich oft bei mir auf und erzählte immer wieder, wie einsam er sei und wie sehr er sich nach einer Freundin sehne. Ich befürchtete schon, dass er sich in mich verliebt hatte und sagte ihm rundheraus: »Ich bin's aber nicht, Boris. Ich muss mein Geld verdienen und mehr gibt es bei mir nicht.« Er nickte nur und antwortete, dass ihm das schon klar sei. Leid tat er mir aber schon, denn er war wirklich ein lieber Kerl.

Von ihm gibt es eine Menge: Männer, die aus irgendeinem Grunde nicht bei Frauen ankommen, an sich aber völlig in Ordnung sind. Sie landen häufig bei Prostituierten, weil sie eben auch Bedürfnisse haben. Schade eigentlich, aber uns Huren freut es natürlich, weil wir an ihnen gutes Geld verdienen.

Am Sonntag bekam ich eine SMS von Alexa: »Ich komme am Dienstag mit. Mir geht es wieder gut.« »Okay«, dachte ich, »dann machen wir das so.« Ich holte sie Dienstagmorgen ab, wir fuhren ins Hotel. Alexa hatte eine Flasche Prosecco und eine große Packung Ibuprofen mitgenommen.

»Das nehme ich«, sagte sie, »und ballere mich mit dem Sekt zu. Dann merke ich nichts.«

»Gute Idee«, sagte ich, »bei dem Prosecco wäre ich auch dabei, aber ich muss ja leider fahren.«

Es lief für uns beide wieder sehr gut an diesem Tag. Die Anzeige funktionierte. Die Kunden riefen mich an und ich sagte, zu welchen Uhrzeiten ich in dem Hotel erreichbar wäre.

Alexa kam noch einen weiteren Tag mit, dann sagte sie mir, dass sie Schluss mache und nicht mehr mitkomme.

»Ich habe mein Geld für die Stadtwerke beisammen und das war's für mich«, sagte sie.

»Völlig in Ordnung«, sagte ich. »Ich finde es auch besser, wenn du aufhörst. Das Ganze ist ja kein Traumjob.«

Sie winkte mir noch kurz zu, als sie ausgestiegen war und dann verschwand sie in ihrem Haus.

Beim nächsten Mal war es wieder ein erfolgreicher Tag mit drei Gästen. Ich machte gegen 19:00 Uhr Feierabend, bezahlte meine Rechnung und ging durch den leichten Nieselregen zu meinem Wagen. Aus dem Augenwinkel sah ich, wie am Rand des Parkplatzes ein alter, grauer Audi stand. Ich setzte mich in meinen Golf, startete den Motor und fuhr los. Nach etwa zweihundert Metern bemerkte ich, dass der Audi mir folgte.

Ich bekam sofort Angst. Der Audi hielt sich

wie ein Raubtier hinter mir. Immer wieder schaute ich in den Rückspiegel und hatte totale Panik. Nach einem knappen Kilometer fuhr ich rechts ran. Der Audi hielt ganz dreist etwa drei Meter hinter mir. Ich erwartete jeden Moment, dass ein kranker Typ ausstieg und zu mir kam und mich vergewaltigte oder umbrachte, doch nichts tat sich.

Mit klopfendem Herzen fuhr ich weiter, zog im Fahren mein Handy aus der Tasche, rief Alexa an und berichtete ihr.

»Komm bei mir vorbei«, sagte sie sofort. Ich fuhr also zu ihr, schlüpfte durch die Tür und beruhigte mich erst wieder, als ich im Wohnzimmer saß.

Der Audi hatte auf der anderen Straßenseite gehalten. Durch das Küchenfenster sahen wir, wie ein Kerl in aller Seelenruhe ausstieg und neben dem Auto wartete. Er mochte so Anfang dreißig sein, aber ich kannte ihn nicht, er war noch nie Kunde bei mir gewesen. Dann kam er sogar noch herüber und ging in Alexas Einfahrt, vermutlich um das Klingelschild zu inspizieren.

Danach setzte er sich wieder in seinen Wagen. Nichts tat sich.

»Das ist ein Verrückter«, sagte Alexa. »Oder ein Triebtäter. Ruf die Polizei an.«

»Nein«, sagte ich, »das mache ich nicht.«

Ich hatte noch nie mit der Polizei zu tun gehabt und ehrlich gesagt, ich schämte mich für meinen Job als Prostituierte.

»Er fährt weg!«, sagte Alexa plötzlich.

Tatsächlich, langsam wie eine Echse rollte der Audi auf die Straße und verschwand. Auch als das Auto nicht mehr zu sehen war, hatte ich immer noch Angst. Ich konnte jedoch nicht ewig bei Alexa bleiben, ich musste nach Hause zu Janine.

»Bringst du mich noch zum Auto?«, fragte ich.

»Sicher, kein Problem.«

Am Wagen umarmte mich Alexa.

»Lass dich nicht verrückt machen«, sagte sie zum Abschied. »Wir bleiben in Telefonkontakt.«

Mit war mulmig, als ich losfuhr, und ich schaute ständig auf die Straßenseiten und in den Rückspiegel, fuhr zig Umwege, immer in der Angst, dass er plötzlich wieder auftauchen würde, doch der Audi war nicht mehr zu sehen. Ich war heilfroh, als ich wieder zu Hause war. Fix und fertig mit den Nerven trank ich erstmal einen Schnaps. Außer Alexa konnte ich niemandem davon erzählen.

Als ich im Bett lag, konnte ich lange nicht einschlafen. Was, wenn dieser Typ mich jetzt nicht mehr in Ruhe ließ? Was, wenn er anfing, mich wirklich zu bedrohen?

Unruhig schlief ich ein.

Ich war froh, dass ich am nächsten Tag nicht ins Hotel musste, doch drei Tage später war es wieder soweit.

Ich hatte meine üblichen Verdächtigen: Boris, Konrad mit dem Mundgeruch, Paul mit dem Mini-Würstchen und Gerhard mit dem Mini-Mini-Kitzler. Alles war soweit gut.

Gegen achtzehn Uhr ging ich aus dem Hotel und blieb im selben Moment wie angewurzelt stehen: Der graue Audi wartete auf der anderen Straßenseite. Zitternd setzte ich mich ins Auto, startete den Motor und fuhr los. Diesmal fuhr ich so schnell ich konnte, bog immer wieder ab, versuchte meinen Verfolger abzuschütteln, doch er blieb wie eine Zecke hinter mir.

»Gott, hilf mir«, dachte ich, »Was soll ich bloß machen?«

Ich fuhr mit 90 Sachen durch eine kleine Ortschaft, als ich plötzlich vor mir eine Ampel sah, die schon auf gelb stand. Ich raste auf sie zu und fuhr dann voll über Rot. Von links kamen Autos, die wild hupten, als ich fast in sie hineinfuhr. Der Audi musste jetzt bei Rot stehenbleiben. Ich gab nochmal Gas, bog immer wieder ab, links, rechts, rechts, links, kam auf eine Landstraße und fuhr, was das Zeug hielt. Panisch schaute ich in den Rückspiegel, doch er war nicht mehr zu sehen. Ich hatte ihn abgeschüttelt.

Das war das letzte Mal, dass ich in diesem Hotel gearbeitet hatte. Ich ging dort keinen einzigen Tag mehr hin.

*

Die nächsten Wochen blieb ich zu Hause. Nach H. wollte ich auf keinen Fall mehr, hatte aber auch noch nichts Neues. Finanziell hatte ich ein paar Rücklagen und kam die ersten Wochen ohne Einnahmen aus. Es war schön, mal ausspannen zu können, keine Freier bedienen zu müssen, ein bisschen Urlaub zu Hause zu machen. Ich kümmerte mich um

Janine, erledigte den Haushalt und ging viel spazieren.

Doch dann ging mir allmählich das Geld aus. So schön es ohne Arbeit auch war, ich musste wieder anschaffen gehen. Was sollte ich tun? Ich entschloss mich, Emilia anzurufen.

Sie freute sich, mich zu hören. Ihrer Stimme nach zu urteilen, ging es ihr gut.

»Hast du irgendeinen Job für mich?«, fragte ich sie. »Ich brauche wieder Kohle.«

»Ich bin in einer Woche in N.«, sagte sie. »Da kannst du auch hinkommen.«

Ich sagte zu. »Besser als nichts«, dachte ich. Emilia nannte mir die Adresse und versprach, mich per Telefon zu lotsen, falls ich Probleme haben sollte, den Weg zu finden.

Ein paar Tage blieben mir noch, an denen ich mich ausruhte.

Dann schließlich, an einem Freitagabend, packte ich meine Sachen. Am nächsten Morgen wollte ich früh los, bis nach N. war es eine weite Strecke.

Ich verabschiedete mich schon am Abend von Janine. Ich erzählte ihr etwas von einem Job, sagte aber natürlich nichts Genaues. Es tat mir in der Seele weh, so vor meiner Tochter Versteck spielen zu müssen, aber es ließ sich nicht ändern.

»Ich bin bald wieder zurück«, versprach ich und gab ihr einen Kuss auf die Wange. Still verschwand meine Tochter in ihrem Zimmer. Ich wusste, dass es nicht in Ordnung war, was ich tat, aber ich sah keine andere Möglichkeit.

Am nächsten Morgen kam ich gut durch. Ich machte mehrere Pausen und die letzte Strecke in N. selbst half mir Emilia.

Das Haus selbst sah von außen grau und unscheinbar aus. Ich klingelte, kurz darauf wurde mir von einer Empfangsdame geöffnet. Sie gab mir die Hand.

»Ich bin Christine«, sagte sie. »Du bist Ewa?« Ich nickte und trat ein.

Im Inneren war ich völlig überrascht: Die Wohnung selbst war riesig, ging über zwei Etagen, war komplett im Barockstil eingerichtet. Alles war altmodisch: Sessel, Sofas, Tische sahen aus wie aus einem anderen Jahrhundert. Die gesamte Wohnung wirkte edel und gepflegt. In der Küche traf ich Emilia. Wir umarmten uns. Mit ihr waren noch ein halbes Dutzend Mädchen in der Küche.

»Insgesamt sind hier fünfzehn Mädchen«, meinte Christine. »Du wirst alle noch kennenlernen. Komm, ich zeige dir, wo du deine Sachen lassen kannst.«

Wir gingen ein Stockwerk höher und ich sah meinen zukünftigen Arbeitsplatz. Der Raum war größer als die, in denen ich bisher gearbeitet hatte. Alles war sauber, doch dann folgte die Ernüchterung.

»Ihr arbeitet hier von 10:00 Uhr morgens bis 01:00 Uhr nachts«, sagte Christine. »Und dann darfst du ins Bett.«

»15 Stunden arbeiten? Und dann schlafe ich, wo ich arbeite?«, fragte ich entsetzt. Christine nickte.

»Das ist hier so«, meinte sie. »Es sind so viele Mädchen, da haben wir nicht mehr Platz. Und das Prinzip ist hier 60:40. Das heißt, du bekommst 60 %, das Haus 40 %.«

Super, das fing ja gut an. Auf der anderen Seite musste ich nicht zahlen, wenn ich keine Einnahmen hatte.

»Du musst für eine Woche hierbleiben«, fügte Christine noch hinzu. »Und dein Geld bekommst du am Ende der Zeit.«

Eine ganze Woche, okay. Wenigstens war

das Haus gepflegt. Ich hoffte, dass alles gut gehen würde.

Wir gingen zurück in die Küche zu den anderen Mädchen. Ich war mal wieder die Älteste, die anderen Mädels kamen hauptsächlich aus dem Ostblock und sahen zum Teil absolut super aus. Ob ich da eine Chance hatte? Ich trank einen Cappuccino und knüpfte erste Kontakte, als auch schon der erste Gast kam.

Er wartete im Salon und wir stellten uns wie die Gänse in einer Schlange vor der Tür auf, gingen dann einzeln hinein, um uns vorzustellen. Drinnen saß in einem goldverzierten Sessel ein Geschäftsmann, schlank und einigermaßen gepflegt. Er lächelte mich an.

»Das ist Ewa«, stellte die Empfangsdame mich vor.

»Wo kommst du her?«, fragte der Kunde mich. Seine Stimme war erstaunlich tief, er hatte einen französischen Akzent.

»Polen«, antwortete ich. »Aus Masuren.«

»Eine schöne Gegend«, antwortete der Gast. »Wie alt bist du?« Ich nannte mein Alter. Dann stellte er noch zwei, drei Fragen und das Schaulaufen war vorüber. Ich ging zurück in die Küche, nahm mir wieder meinen

Cappuccino und sah die Sache als erledigt an. Als wieder alle Mädels in der Küche waren, sprach Christine mit dem Gast. Dann kam sie zu uns.

»Der Gast will dich«, meinte sie.

Ich verschluckte mich fast an meinem Kaffee. Das war das Letzte, womit ich gerechnet hatte. Ich stellte die Tasse ab und ging in mein Zimmer. Dort wartete der Gast schon auf mich.

»Ich bin Marcel«, stellte er sich jetzt vor. Er war charmant, drückte sich gewählt aus und als er sich auszog, sah ich, dass er einen durchtrainierten Body hatte. Der Sex mit ihm war normal, er war sogar ein wenig zärtlich zu mir. Sollten die Gäste hier alle so sein? Hatte ich mit dem Haus den großen Treffer gelandet?

Die nächsten Tage zeigten, dass dem leider nicht so war. Marcel war die große Ausnahme gewesen, ansonsten war durch die Bank wieder alles vertreten: Geschäftsleute, Angestellte, Magere, Dicke, Schüchterne, Brutale, Mini-Schwänze, Riesenschwänze. Viele rammelten mich nur durch, nur einige unterhielten sich länger mit mir.

Doch eines war eine Riesenüberraschung:

von etwa 30 Gästen wurde ich ca. 10 Mal gebucht. Das war der totale Horror für mich. Ich war es gewohnt, vielleicht zwei oder drei Gäste am Tag zu haben, jetzt musste ich täglich zehnmal zu Diensten sein. Ich fühlte mich total überfordert, doch ich hatte meine Zusage gegeben, musste eine Woche zur Verfügung stehen. Wenn ich unter den Kunden lag, dachte ich nur an das Geld und betete, dass die Woche bald vorüber war.

Abends rief ich Alexa an und heulte mich aus. Sie tröstete mich so gut es ging.

»Es ist doch nur für eine Woche«, sagte sie. »Das überstehst du. Lass uns jeden Abend telefonieren.«

Am Vormittag des zweiten Tages ging ich mit einem Typ aufs Zimmer, der eine Military-Jacke trug und einen Bürstenhaarschnitt hatte. Seine Nase war gebrochen, wahrscheinlich war das in einem Boxkampf passiert. Er hatte ganz schmale Lippen und sah mich aus kleinen Augen an.

»Ich habe eine Bitte«, sagte er.

»Und zwar?«, fragte ich.

»Ich möchte dich schlagen«, sagte er. Ich glaubte mich verhört zu haben.

»Das mache ich nicht«, sagte ich sofort. Er grinste etwas.

»Nur so ein bisschen«, meinte er.

»Wohin denn?«, fragte ich.

»Na, so ins Gesicht, und dann würde ich dir gerne den Arsch versohlen und dich ein bisschen boxen.«

»Das mache ich nicht«, sagte ich entschieden und verließ das Zimmer. Ich ging zu Christine und erzählte ihr von dem Typen.

»Das ist doch harmlos«, versuchte sie mich zu beruhigen. »Das ist doch nicht so schlimm. Stell dich nicht so an.«

»Was?!«, sagte ich. »Ich soll mich schlagen lassen? Das ist ja wohl nicht dein Ernst!« Obwohl ich normalerweise sehr ruhig bin, war ich jetzt auf 180. Christine sah ein, dass ich dafür nicht zu haben war.

»Okay«, meinte sie, »ich gebe dem Gast ein anderes Mädchen.«

Ich ging zurück in die Küche, rauchte eine Zigarette und konnte mich nur schwer wieder beruhigen. Mittlerweile gingen mir die anderen Mädchen auf den Geist. Die Küche war klein und es gab regelmäßig Stress und Zickereien unter den Mädels. An manchen Tagen mussten wir 50 Mal zu Gästen in den Salon und uns vorstellen. Die einzige, mit der ich mich nach wie vor gut verstand, war Emilia.

Am vierten Tag saßen im Salon zwei junge Kerle. Es war ein Typ mit seinem behinderten Bruder, der verwachsen war und nicht wirklich helle im Kopf. Er lächelte mich die ganze Zeit belämmert an und ich hoffte, dass sie nicht mich aussuchen würden.

Doch es kam, wie es kommen musste, der Typ wählte mich aus. Wir gingen aufs Zimmer.

»Du sollst meinen Bruder ein bisschen verwöhnen«, sagte er zu mir.

»Okay«, meinte ich. Eigentlich sah der Behinderte ganz lieb aus. Irgendwie würde ich das überstehen.

»Aber ich will zugucken«, setzte der Ältere noch hinzu.

»Muss das sein?«, fragte ich irritiert.

»Ja«, meinte er nur kurz und knapp. Was sollte ich machen? Er hatte mich gebucht und es war sein Wunsch. Doch das Widerliche dabei war, dass er nicht angezogen im Sessel saß, sondern sich auch auszog und wichste, während wir miteinander fickten.

Und nicht nur das, er stand auch noch auf und betatschte mich überall. Ich wäre ihn am liebsten angefahren, doch ich riss mich zusammen. Endlich waren wir fertig und ich war heilfroh, als der Termin vorbei war.

Direkt der nächste Gast wählte mich ebenfalls. Es war ein Mulatte, der Koch war und aus den USA stammte. Er war sehr groß und kräftig und sah sympathisch aus.

»Du bist voll mein Typ«, sagte er, als wir auf dem Zimmer waren. »Aber es gibt ein Problem.«

Ich sah ihn an. Was würde jetzt wieder kommen?

»Ich habe einen sehr großen Schwanz«, sagte er. »Und ich habe Angst, dass ich dich zerreiße, wenn ich dich ficke.«

»Wenn du vorsichtig bist, geht es vielleicht«, antwortete ich. »Du musst eben aufpassen.«

Wir zogen uns aus und sein Penis war wirklich riesig. Ich glaube, ich hatte noch nie so ein großes Ding gesehen.

Er ging sehr vorsichtig zu Werke. Er konnte ihn nur etwa zur Hälfte in mich hineinstecken und vögelte mich behutsam, bis er kam. Ehrlich gesagt, war er angenehmer als viele andere Kunden, weil er so freundlich und vorsichtig war. Es kam nicht häufig vor, dass sich jemand um mich sorgte.

Der nächste Gast an diesem Abend mochte um die fünfzig sein. Er trug einen dicken Schnurrbart und wirkte sehr bürgerlich. Als wir auf dem Zimmer waren, setzte er sich auf die Bettkante und fragte mich: »Du möchtest bestimmt wissen, warum ich gerade dich ausgewählt habe?«

»Warum?«, fragte ich brav.

»Weil du so ein ausgeprägtes Becken und so schöne Oberschenkel hast. Und vor allen Dingen hast du ein Loch zwischen den Oberschenkeln.«

Damit meinte er den Freiraum oben zwischen der Innenseite meiner Oberschenkel, wo ein Buch zwischenpasste.

»Die Form deiner Beine inspiriert mich ungemein«, sagte er. »Kannst du deine Hose ausziehen? Deinen Slip kannst du aber anbehalten.«

Im Folgenden saß er auf der Bettkante und ich musste mich vor ihn hinstellen, mal von vorne, mal von hinten. Dann musste ich mich hinknien, mich flach auf den Boden legen und er begutachtete mich. Manchmal fasste er mich auch vorsichtig an meine Beine und streichelte mich. Er war nur auf meine Beine fixiert und konnte sich gar nicht sattsehen daran. Es war zwar nicht so offensichtlich, aber Beine waren wohl ein Fetisch von ihm. Er zahlte sogar noch einmal nach, um mich weiter ansehen zu dürfen. Auch er gehörte zu den angenehmeren Terminen.

Viele Kunden waren aber auch einfach grob und unfreundlich.

Weil ich so viele Kunden am Tag hatte, war ich schon ganz wund und ließ mir Tipps geben, was ich mir aus der Apotheke holen musste, um das zu überstehen. Alles in allem war es eine sehr schlimme Woche. Jeden Abend heulte ich mich bei Alexa aus und fiel um eins todmüde ins Bett. Morgens um acht musste ich dann schon wieder aus den Federn, um mich fertigzumachen. Ich zählte jeden Tag und war unglaublich froh, als ich mir am letzten Tag mein Geld abholen konnte.

Als ich endlich auf dem Weg nach Hause war, wurde mir klar, dass der Job als Reisehure nichts für mich war. Ich musste mir etwas anderes überlegen.

*

Ich konnte mich zu Hause nicht lange ausruhen, denn ich hatte keine großen finanziellen Rücklagen. Ich brauchte wieder Geld.

Ich setzte mich also an den PC und schaute im Internet. Ich fand eine Wohnung in B., die an Prostituierte vermietet wurde. Die Fotos, die ich sah, waren in Ordnung und so rief ich die angegebene Nummer an. Wir vereinbarten einen Termin für den nächsten Tag und ich rief direkt im Anschluss Alexa an, fragte, ob sie Lust hätte mitzukommen. Alleine hatte ich immer etwas Angst, mich in unbekannte Situationen zu begeben. Alexa sagte zu und wir fuhren am nächsten Morgen nach B. Der Vermieter war klein, schmierig und muskulös. Die Wohnung selbst war groß, hatte zwei Schlafzimmer, Wohnzimmer, Küche, Bad und hielt das, was die Fotos versprochen hatten.

»In Ordnung«, sagte ich zu dem Vermieter, »die Wohnung nehme ich.«

»Ich werde auch hier arbeiten«, unterbrach mich Alexa in diesem Moment. Konsterniert blickte ich sie an.

»Alexa«, meinte ich, »du weißt doch, wenn du einmal anfängst, hörst du nie wieder auf.«

»Das ist egal«, sagte Alexa entschieden, »ich brauche das Geld und deshalb fange ich auch hier an.«

Was sollte ich machen? Alexa war erwachsen und sie war meine Freundin.

»Wenn du unbedingt willst«, sagte ich. Sie machte mit dem Vermieter ebenfalls die Miete aus und wir fuhren wieder nach Hause. Dort änderte ich meine Anzeige, so dass Alexa auch werben konnte. Sie selbst fuhr noch in die Stadt und kaufte sich ein Handy. Damit waren wir startklar und direkt am nächsten Morgen fuhren wir in die Wohnung.

Ich selbst hatte an diesem Tag zwei Kunden. Die Gäste konnten immer wählen, ob sie Alexa oder mich wollten und direkt der Erste suchte mich aus. Er war um die dreißig, hatte eine Glatze, war aber gut gebaut und von seiner Art her nett und freundlich. Als es zur Sache ging, stellte sich jedoch heraus, dass er von der brutalen Sorte war. Er fickte mich so heftig und derbe durch, dass ich vor Schmerzen fast angefangen hätte zu weinen. Er behandelte mich, als ob ich ein Stück Fleisch wäre. Ich biss die Zähne zusammen – die Miete wollte bezahlt werden.

»Was für ein Einstieg«, dachte ich, als er wieder weg war, und griff zu meinem bewährten Mittel in solchen Situationen: Ich stellte mich eine Viertelstunde lang unter die heiße Dusche. Danach cremte ich mich ein und hoffte, dass nicht sofort der nächste Gast kommen würde. Eine dreiviertel Stunde war auch tatsächlich Ruhe, doch dann klingelte es wieder.

Der Mann war etwa Mitte vierzig, trug einen Anzug und machte einen zurückhaltenden Eindruck. Er hatte etwas Vertrauenerweckendes. Ich konnte ihn mir als Arzt oder Rektor vorstellen. Wieder fiel die Wahl auf mich und wir gingen auf mein Zimmer. Wir zogen uns aus und legten uns aufs Bett.

»Ich will aber keinen Sex«, sagte er, kaum lagen wir auf der Matratze. »Ich will nur, dass du mich berührst.«

»Gott sei Dank«, dachte ich, »nicht noch so ein Brutalinski.« Ich begann ihn also zu streicheln und er schloss die Augen. Das ging einige Minuten und ich genoss die friedliche Atmosphäre, die es mit Kunden nur sehr selten gibt.

Plötzlich öffnete er die Augen und schaute mich an.

»Es gibt noch etwas, was ich dir sagen möchte«, meinte er.

»Und was ist das?«, erwiderte ich.

»Ich habe ein Faible für dominante Frauen«, sagte er. »Ich stehe darauf, erniedrigt zu werden.«

Ich war erstaunt, weil ich niemals erwartet hätte, dass ein Mann seines Aussehens eine solche Neigung besitzen würde. Er sah meinen überraschten Gesichtsausdruck.

»Ich bin Unternehmer«, erklärte er mir. »Ich habe eine Riesenfirma mit hunderten von Mitarbeitern und muss den ganzen Tag Anweisungen geben und kommandieren. Ich möchte mich bei dir einfach mal eine Stunde fallen lassen, nur gehorchen, nicht nachdenken, die Kontrolle abgeben.«

Das war völliges Neuland für mich. Wie sollte ich mich verhalten?

»Hast du schon Erfahrungen damit?«, fragte ich ihn deshalb.

»Klar«, meinte er, »ich bin schon bei vielen Dominas gewesen.«

»Und, was soll ich machen?«

»Naja, wenn ich zu dir komme, muss ich erstmal auf alle viere und mich hinknien.

Und dann muss ich deine Schuhe und Füße küssen und lecken.«

»Okay«, sagte ich, »dann beweg deinen Arsch aus dem Bett und knie dich hin.«

Er zögerte keine Sekunde, stand ohne Widerworte auf und kniete sich an der Bettkante wie ein Hündchen auf den Boden.

»Und jetzt leckst du meine Füße«, sagte ich.

Er schloss die Augen und leckte demütig meine nackten Füße. Ich fühlte, dass ich mit dieser Rolle gut zurecht kam. Ich war nicht mehr die Nutte, die durchgevögelt wurde, sondern ich hatte die Kontrolle, ich war die Herrin. Ich habe schon immer diese dominante Ader in mir gehabt, nur hatte ich sie bisher nie ausgelebt. Ich schlug einen härteren Ton an.

»Du wirst mir jetzt schön dienen«, befahl ich ihm.

»Jawohl, Herrin«, antwortete er brav.

Ich schaute auf die Uhr an der Wand.

»Für heute ist deine Zeit aber um«, sagte ich. »Du gehst jetzt nach Hause.«

»Jawohl, Herrin«, sagte er wieder. Er stand auf, zog sich an und ging ins Wohnzimmer, wo Alexa saß. Ich folgte ihm langsam.

»Moment Mal«, sagte ich zu ihm, »du hast noch was vergessen.« Fragend blickte er mich an.

»Du nimmst noch den Müll mit runter.« Alexa machte große Augen. Ohne Widerrede nahm er den Müllbeutel aus dem Eimer.

»Nicht so«, sagte ich. »Du gehst jetzt auf alle Viere und nimmst den Beutel in dein Maul.« Er kniete sich sofort auf den Boden und nahm den Beutel wie ein Hund in den Mund. So krabbelte er aus der Wohnung. Alexa schaute wie ein Auto.

»Der Typ ist devot veranlagt«, erklärte ich. »Ab jetzt ist er mein Sklave.«

»Abgefahren«, meinte Alexa. »Aber besser als sich ficken zu lassen.«

»Das sehe ich genauso«, sagte ich. Dass sich ein Kunde derart vor mir erniedrigte, war auf der einen Seite merkwürdig, auf der anderen Seite spürte ich, dass ich damit in Zukunft zurechtkommen würde. Es hatte mich nicht übermäßig berührt oder schockiert. Ich hatte damals meinem Vater das Messer an den Hals gesetzt, ich konnte hart sein, wenn ich wollte. Dass ich in nicht allzu ferner Zukunft eine echte Domina werden würde, war mir zu diesem Zeitpunkt aber noch nicht bewusst.

Danach setzte ich mich an den PC. Ich wollte unsere Anzeige kontrollieren und ging auf die entsprechende Seite. Dort traute ich meinen Augen nicht.

»Zwei geile Früchtchen stehen für Gang-Bang bereit.« Dazu waren unsere Kontakt-daten angegeben.

»Was ist GangBang?«, fragte ich Alexa. Die zuckte mit den Schultern.

»Keine Ahnung«, meinte sie. Ich googelte nach dem Begriff und wurde schnell schlauer. Wir sollten von einem ganzen Rudel Männer gefickt werden. Unser Vermieter hatte, ohne uns zu fragen, einfach diese Anzeige geschal-tet. Sofort wählte ich seine Nummer. Als ich ihn an der Strippe hatte, las ich ihm die Le-viten.

»Was fällt dir ein, so eine Anzeige aufzu-geben!?«, fuhr ich ihn an. »Bist du noch bei Trost?«

»Reg dich nicht so auf«, versuchte er mich zu beruhigen. »Ist doch nichts dabei, da könnt ihr richtig Kohle verdienen.«

»Du nimmst jetzt sofort die Anzeige raus«,

herrschte ich ihn an. »Ich werde außerdem nicht mehr kommen. Du und die Wohnung, ihr seid für mich erledigt.« Damit legte ich auf.

»Der hat einen Lattenschuss«, meinte ich. »Ich bin den letzten Tag hier gewesen.«

»Mir gefällt's hier«, sagte Alexa. »Ich bleibe.«

»Tu was du willst. Ich fahre auf jeden Fall nach Hause.«

Die Stimmung zwischen uns war gereizt. Das war bei uns auch noch nicht vorgekommen. Ich packte meine Tasche und verabschiedete mich kurz und knapp.

Zu Hause ging ich im Internet wieder auf die Suche nach einer neuen Location und fand die Nummer einer Hure, die ihre Wohnung untervermieten wollte. Ich rief an und sie sagte mir, dass ich vorbeikommen könne. Die Tagesmiete war günstig. Als ich in die Wohnung kam, wusste ich auch warum. Es war die letzte Bruchbude: Schimmel an der Decke, die Wände verschmiert, alles sehr siffig. Es war aber auf die Schnelle alles, was ich bekommen konnte und so sagte ich zu. Zu Hause änderte ich nochmal die Anzeige und fuhr direkt wieder los. Auf der Fahrt bekam ich schon die ersten Anrufe, kaum war ich in der neuen Wohnung, erschien auch schon der erste Kunde.

Er hieß Helge, war rothaarig und übergewichtig, aber sehr nett. Er stand auf normalen Sex und wollte von mir die Illusion geboten bekommen, ich wäre seine Freundin und wir hätten ein Date. Okay, das konnte er haben. Wir fickten ein bisschen und nach einer knappen Viertelstunde war die ganze Sache erledigt. Danach lagen wir auf dem Bett und rauchten.

»Ich will dir ja nicht zu nahe treten«, meinte Helge, »aber deine Bilder sehen ziemlich dürftig aus. Ich an deiner Stelle würde viel bessere machen und mir auch eine eigene Website zulegen.« Ich zog einen Flunsch.

»Das ist mir ehrlich gesagt zu teuer«, sagte ich.

»Aber es zahlt sich aus«, sagte Helge. »Ich habe eine Werbeagentur und fotografiere auch. Ich kann richtig gute Bilder von dir machen.«

»Ah«, dachte ich. »Er will an dir verdienen.«

»Und was soll das Ganze kosten«, fragte ich ihn misstrauisch.

»Die Bilder mache ich umsonst«, antwortete er. »Und was die Website betrifft, da werden wir uns schon einig. Da mache ich dir ein Angebot.«

Das hörte sich nicht schlecht an.

»Das können wir machen«, meinte ich. Helge gab mir seine Karte, dann verschwand er.

Die nächsten zwei Wochen waren ruhig und unspektakulär. Ich hatte ein bis zwei Gäste am Tag, was wirklich nicht viel war. Ich musste sehen, dass ich mich über Wasser hielt.

Am Ende der zweiten Woche aber kam der Brüller: Heiko, Bauunternehmer, um die sechzig, gerade mal 1,60m groß, mit einem riesigen kugelrunden Bauch, einer spiegelglatten Halbglatze, langem Haarkranz und Hasenzähnen. Er war insgesamt eine lustige Erscheinung. Von der Optik war er überhaupt nicht mein Typ, aber er war sehr nett und freundlich.

Auf seinem Bauch saß ich wie auf einem Sportball und konnte ihn kaum ficken. Also wichste ich ihn schließlich, bis er kam, dann lagen wir beisammen und unterhielten uns.

»Du bist eine tolle Frau, ich bin wirklich begeistert von dir«, meinte er. »Aber du musst dich noch optimieren. Du musst dir vor allen Dingen deine Brüste machen lassen, die sind zu klein. Wenn du das machst, dann bist du die perfekte Frau für mich.«

»Ich suche keinen Mann«, sagte ich sofort. Heiko ließ sich davon nicht bremsen.

»Ich habe mich in dich verliebt«, sagte er. »Du bist vom Charakter her wirklich top, aber du musst an deiner Optik noch ein bisschen was machen lassen.« Ich wusste nicht genau, wie ich damit umgehen sollte. Er kam für mich überhaupt nicht in Frage.

»Es tut mir leid, Heiko«, sagte ich, »aber aus uns beiden wird wirklich nichts.«

»Ich bin aber trotzdem begeistert von dir«, sagte er. »Ich möchte, dass du das Beste aus dir machst, was möglich ist. Ich schenke dir die OP.«

Schon wieder ein Angebot. Eine Schönheits-OP ist nicht billig und hier hatte ich die Möglichkeit, sie umsonst zu bekommen. Sollte ich das wahrnehmen?

»Das ist echt nett von dir«, sagte ich vorsichtig. »Ich überlege mir das, okay?«

»Kein Problem«, sagte Heiko. »Ich bin in ein paar Tagen wieder bei dir.«

Kaum war ich zu Hause, setzte ich mich ans Telefon und rief Alexa an. Ich berichtete ihr von dem Angebot, das Heiko mir gemacht hatte.

»Ist doch super«, meinte Alexa. »Dann kannst du dir die Nase gleich noch dazu machen lassen.«

»Wieso das denn?«, fragte ich überrascht.

»Na, die ist doch wirklich hässlich«, sagte Alexa. »Zu lang, zu dick, mit einem Höcker.« Das saß.

»Das hat mir noch keiner gesagt«, erwiderte ich. Ich war ganz schön eingeschnappt. Aber Alexa war schmerzfrei, was ihr Urteil anging und blieb dabei.

»Die Nase musst du machen lassen«, wiederholte sie. »Und ein bisschen Fettabsaugen kannst du dann auch gleich machen.«

Als wir das Gespräch beendet hatten, stellte ich mich vor den Spiegel und begutachtete mich. Ich hatte mir über meine Nase noch nie Gedanken gemacht, aber als ich sie jetzt betrachtete, musste ich zugeben, dass es tatsächlich hübschere gab. Sollte ich das alles machen lassen? Ich hatte einen Sponsor und würde nichts bezahlen müssen. Das war eine Gelegenheit, die es nicht oft gab.

Es vergingen vier Tage, bis Heiko wieder erschien. Er fuhr richtig was auf, brachte Blumen und Champagner mit, außerdem Gutscheine für Douglas und Dessousgeschäfte. Er war ziemlich in Fahrt.

»Ich habe dir ein paar Institute rausgesucht, wo du dich operieren lassen kannst«, meinte er. »Das sind nur die besten Adressen, da kannst du ganz sicher sein.«

»Danke«, sagte ich, » ich habe auch mit einer Freundin gesprochen und die meinte, dann sollte ich mir auch gleich die Nase machen und Fett absaugen lassen.«

Heiko ging vor Freude fast durch die Decke.

»Das wär ja spitze!«, jubelte er. »Dann bist du wirklich meine Traumfrau! Lass das alles machen!«

Naja, es war eine Chance, und warum sollte ich sie nicht nutzen?

Als ich wieder allein war, schaute ich mir die Institute im Internet an. Es waren insgesamt drei, alle in H. Bei zweien machte ich Termine für Beratungsgespräche fest. Eine Woche später fuhr ich nach H. und führte Gespräche. Das erste Institut empfand ich als unpersönlich, den Zuschlag erhielt aber das zweite, wo ich mit einem Chirurgen sprach, dem ich vertraute. Ich machte einen Termin für die erste OP fest, bei der Brust und Nase gemacht werden sollten.

Heiko übernahm die Kosten und gab mir auch Geld für die Genesungszeit, in der ich nicht arbeiten konnte.

Das Datum rückte näher und ich merkte, wie ich immer aufgeregter wurde. Was, wenn etwas schiefging? Ich würde fürs Leben gezeichnet sein. Obwohl mir der Chirurg versichert hatte, dass das Routineoperationen waren, war mir sehr mulmig zumute.

Noch am Abend vorher telefonierte ich mit Alexa – mit der ich mich wieder versöhnt hatte. Sie sprach mir Mut zu und bestärkte mich einmal mehr in meinem Vorhaben.

Am nächsten Tag betrat ich mit einer Reisetasche die Klinik. Vorab waren alle Untersuchungen gemacht worden. Der Chirurg sprach mit mir und begutachtete noch einmal Brust und Nase. Er machte einen sehr ruhigen Eindruck, was meine Nervosität etwas dämpfte.

Schließlich lag ich im OP-Saal inmitten eines Teams, das mich an Schläuche und Geräte anschloss. Jeder wusste genau, was er tat, alles machte einen sehr professionellen Eindruck. Dann spürte ich einen Stich in meinem Handrücken und im gleichen Moment dämmerte ich weg.

*

Als ich wieder zu mir kam, lag ich in einem Krankenzimmer. Es war Nacht und ich fühlte mich müde und schwach. Eine kleine Lampe verbreitete schwaches Licht. Meine Brust und meine Nase schmerzte. Ich hatte einen Katheter im Arm, neben mir piepte leise ein Gerät.

Mit halb geschlossenen Augen blieb ich liegen. Ich hatte nicht gedacht, dass ich mich so elendig fühlen würde.

Plötzlich ging die Tür auf und eine Schwester schaute nach mir. Sie fragte mich, wie es mir ging und gab mir etwas zu trinken. Als sie die Tür hinter sich geschlossen hatte, fiel ich erneut in einen tiefen Schlaf.

Als ich wieder erwachte, war es Morgen und ich fühlte mich um Einiges besser. Ich konnte ein wenig frühstücken und kurz darauf kam der Chirurg.

»Es ist alles gut verlaufen«, sagte er zu mir. »Die Verbände können wir aber erst morgen abnehmen.«

Es hatte keine Komplikationen gegeben. Mir fiel ein Stein vom Herzen. Den Tag verbrachte ich vor dem Fernseher.

Einen Tag später konnte ich das Ergebnis begutachten und ich war sehr zufrieden. Die Nase war jetzt schmal und schön, die Brust zwei Nummern größer. Es waren kaum Narben zu sehen, der Arzt hatte ganze Arbeit geleistet.

Es folgte eine Genesungsphase von drei Wochen, die ich größtenteils zu Hause verbrachte. Meine Mutter und meine Tochter fanden das Ergebnis toll und ich fühlte mich mit dem neuen Aussehen richtig gut.

Mit Heiko stand ich in SMS-Kontakt. Er hatte meine private Adresse haben wollen, aber ich hatte ihm zu verstehen gegeben, dass die keiner meiner Kunden bekam. Er respektierte das, ich schickte ihm aber Bilder von mir und er war begeistert.

»Super!«, simste er mir zu. »Das hat sich voll gelohnt.«

Nach drei Wochen kam die Fettabsaugung, die auch gut über die Bühne ging. Jetzt war ich rundum erneuert und machte mich wieder an die Arbeit.

Mit meinem neuen Aussehen trat auch eine Wandlung meiner Persönlichkeit ein. Ich hatte eine lange Zeit als Prostituierte hinter mir und war nicht mehr die kleine, schüchterne, verunsicherte Ewa.

In meiner ersten Zeit als Hure war ich von einigen Männern behandelt worden wie ein Stück Scheiße. Sie meinten, dadurch, dass sie mich bezahlt hatten, hätten sie das Recht erworben, mich wie eine Ware, wie ein Stück Fleisch zu behandeln. Für mich waren diese Situationen wie eine Strafe, die ich erdulden musste, um zu überleben. Diese Männer verachtete ich und tue es auch heute noch. Es gab jedoch auch die anderen Männer, die gepflegten, einfühlsamen, freundlichen. An sie erinnere ich mich gerne, einer von ihnen ist sogar zu einer Art Freund geworden, mit dem ich noch viele Jahre telefonischen Kontakt hatte.

Ich habe für die meisten meiner Kunden Verständnis, ich denke, ohne das könnte ich meinen Beruf auch nicht ausüben.

Männer haben häufig eine offensivere Sexualität als Frauen, laufen ständig mit der Lust im Kopf herum und brauchen ein Ventil, um damit fertigzuwerden. Wenn sie sich bei uns Huren zivilisiert und freundlich benehmen, habe ich gegen sie nichts einzuwenden.

Jetzt jedoch wurde ich »Ewa Secret«. Ich wurde stärker und selbstbewusster und es folgte ein neues Arbeitsfeld: Ich wurde Escort-Lady. Von nun an sollte ich um die Welt reisen, in fremden Ländern arbeiten, die skurrilsten Persönlichkeiten und Situationen erleben. Ich feierte tagelang Partys auf Luxusyachten, ich wurde mitten in Frankreich von einem Kunden zurückgelassen und mir wurde auf den Malediven bei Hummer und Champagner ein Heiratsantrag gemacht.

All das und noch viel mehr möchte ich im zweiten Teil

»Ewa Secret – die perfekte Illusion« erzählen.